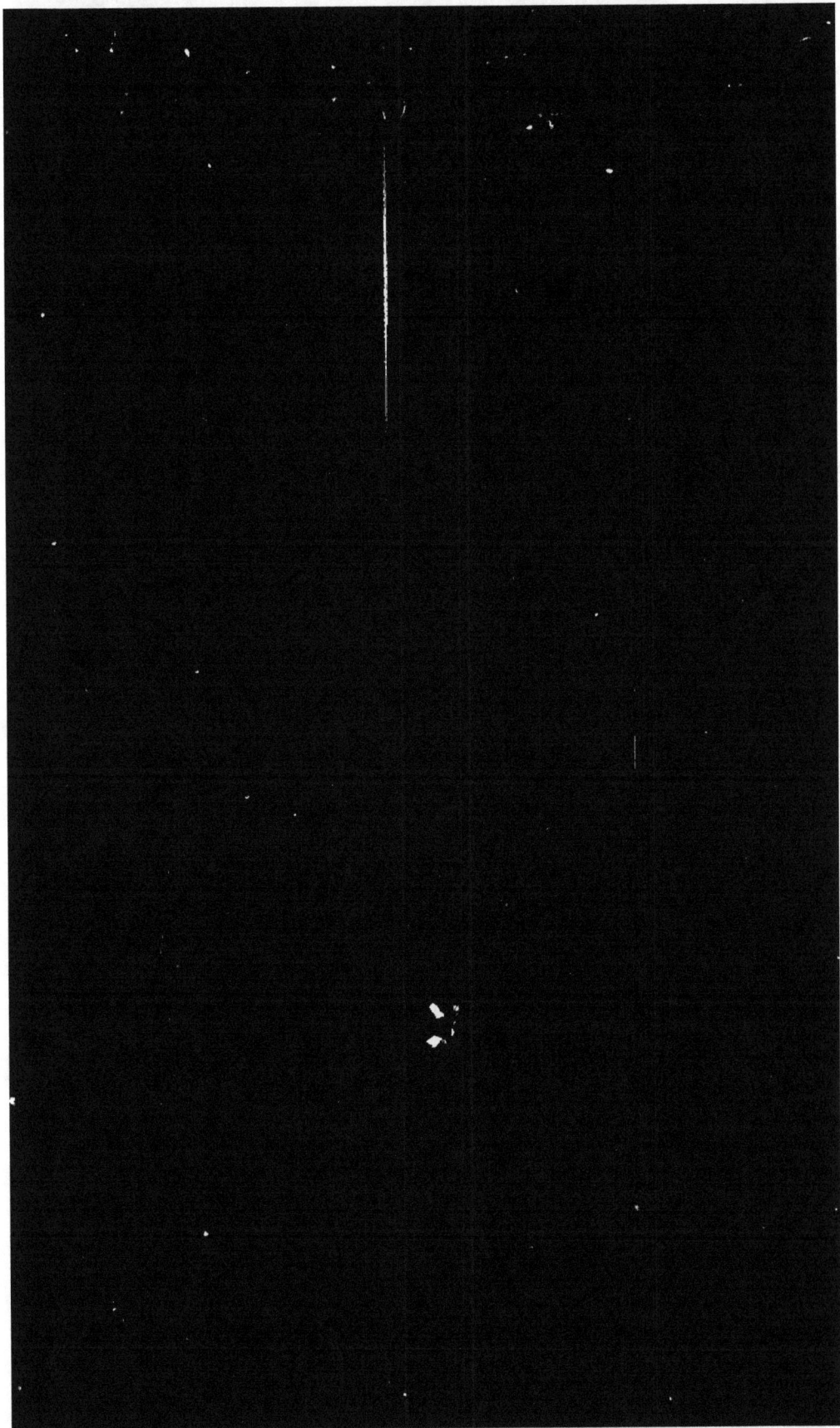

LETTRES RÉPUBLICAINES.

I.

A FRANÇOIS D'ORLÉANS,

PRINCE DE JOINVILLE

Paris, 25 mai 1848

Prince,

Je n'ai pas l'honneur d'être connu de vous. Étranger par position et par inclination, autant que par principe, à tout commerce avec la royale maison à laquelle vous appartenez, si je n'ai reçu d'elle aucun bienfait, je n'ai non plus à me plaindre d'aucune injustice subie. Nul sentiment personnel, ni de haine, ni d'amour, n'influence mon jugement sur ce règne de dix-sept ans que nous venons de voir si brusquement finir. Je n'ai d'engagement d'aucune sorte avec aucun parti. Dans ce vieux monde que mènent les intérêts, les préjugés, le calcul et les convenances factices, j'ai su garder toujours l'indépendance attristée, mais inflexible, d'un solitaire.

Souffrez donc que je vous parle aujourd'hui comme je ne l'eusse point fait au temps de vos prospérités, comme personne, peut-être, ne le saurait faire encore; souffrez que je vous adresse des réflexions qui viennent de m'être suggérées par une publication imprudente et par votre protestation à l'Assemblée nationale. A défaut de l'autorité que leur donneraient le talent et l'expérience qui me manquent, ces

réflexions porteront un tel cachet de sincérité et d'impartialité, que vous ne pourrez leur refuser quelque attention.
J'ose même espérer qu'elles vous inviteront à examiner de
nouveau par vous-même une situation dont vous ne parais-
sez pas, dans un premier ébranlement bien naturel, avoir
envisagé avec assez de calme l'inéludable rigueur.

Vous me pardonnerez une apparente rudesse. Je fais assez d'estime de votre jeune courage; la France, dans son
équité bienveillante, nourrit de vous une opinion assez fa-
vorable, pour qu'il me semble superflu d'user ici de cir-
conlocutions, d'équivoques, de réticences. Je crois, d'ailleurs, vous rendre un hommage et un service, en faisant
arriver jusqu'à vous par la seule voie possible, en l'absence
de tous rapports directs ou indirects, une parole sévère,
peut-être, mais, demeurez-en convaincu, la mieux inten-
tionnée, la plus compatissante qui fut jamais.

Ce que vous avez à redouter aujourd'hui, ce n'est pas la
haine de vos ennemis, c'est l'infatuation, c'est l'aveuglement de vos amis. Vos ennemis! qu'ai-je dit là? Vous n'en
avez point; vous n'en sauriez avoir. Le peuple, en renver-
sant le trône de votre père, n'a obéi à aucune haine individuelle; ou, du moins, s'il a maudit un pouvoir oppresseur
concentré en une volonté unique, ce n'était pas vous, prince,
qu'il accusait.

Vos seuls ennemis, mais funestes, mais acharnés et habiles à vous nuire, je vous le disais à l'instant, ce sont vos
amis. Ne prenez point ceci pour un paradoxe; une courte
explication va nous mettre d'accord. Vos partisans n'ont jamais rien compris, et j'affirme qu'ils ne comprendront jamais rien au génie de la France moderne. Cette immense
transformation de l'ordre ancien; cette métamorphose qui
s'accomplit sous nos yeux, en parfaite conformité avec les
lois de développement physique et moral du monde; cette
émancipation d'une grande moitié de la famille humaine,
préparée, conduite depuis des siècles par la philosophie,
par la science, par la politique, vous savez mieux que moi
comment les partis la jugent. Selon les vues bornées de leur
orgueil en déroute, la révolution de Février, par exemple,
n'est autre chose qu'un coup de main, un accident fortuit,
que la plus minime circonstance, votre présence à Paris, je

suppose, pouvait prévenir. Une poignée de factieux a surpris le pouvoir; ou, comme parle un des plus considérés parmi les vôtres, un *escamotage* a fait passer la *machine gouvernementale* (j'emprunte le langage du régime déchu) des mains de quelques individus dans les mains de quelques autres. D'où il suit qu'un nouvel *escamotage* la peut faire tout aussi lestement retourner à ses précédens conducteurs.

Ce n'est pas le cas de s'écrier: *O sainte simplicité!* mais bien plutôt: *O sottise perverse!* car les hommes qui parlent et pensent ainsi ne sont aveuglés ni par leur dévoûment à vos personnes royales, ni par le fanatisme d'un dogme politique, ni par de traditionnels et chevaleresques préjugés que l'histoire explique. Entre les parvenus de 1830 et votre dynastie, on chercherait en vain cette longue communauté de croyances, de périls et de gloire, qui rattachait l'ancienne noblesse de France à la branche aînée des Bourbons. La bourgeoisie, vous ne l'ignorez pas, ne tient à vous par aucun sentiment; son intérêt seul la guide. Elle avait cru, et ne renoncera jamais à croire, que le progrès qui lui avait donné la puissance et la richesse était le progrès définitif de l'espèce humaine.

Au lendemain de sa défaite, pâle d'étonnement et d'effroi, tremblante pour ses biens à la vue de ce peuple armé qu'elle juge d'après elle-même, la bourgeoisie cachait sous une adhésion hypocrite ses colères pusillanimes. Mais aujourd'hui rassurée, voyant qu'elle n'a rien à craindre de ces *barbares* tant calomniés, tant insultés, elle jette le masque. Au lieu d'assister dignement, en silence, à l'établissement de la République par les républicains, en se réservant, si le pays était trompé dans ses espérances, d'intervenir à l'heure du danger, vos partisans, sans respect pour leur passé, viennent disputer le pouvoir à ceux-là même auxquels ils n'auraient dû demander que l'oubli. La commotion électrique qui s'est fait sentir à l'Europe entière, ne les a émus que de peur; et les voici reparus, aussi infatués, aussi myopes, aussi confians dans les habiletés usées de leur politique subalterne. Et c'est pourquoi ces hommes vous seraient funestes! Abusant de votre amour pour la France, ils le feraient servir à leurs vulgaires desseins. Vous deviendriez entre leurs mains un instrument innocent, mais bientôt confondu avec eux par la réprobation publique, d'intrigues indignes de vous et de coupables menées. Ils vous façonneraient insensiblement à ce pitoyable personnage de prétendant, qui n'a plus de nos jours qu'une grandeur de parade. Non, non, prince, n'écoutez pas ces dangereux amis! Etudiez, réfléchissez; méditez en vous-même les causes évidentes et les effets certains de l'action providentielle qui vient de se manifester avec tant d'éclat. Vous comprendrez que le mouvement rapide qui nous emporte tous à cette heure n'a rien de fortuit ni d'imprévu même.

Soyez attentif à ce travail de dissolution et de recomposition qui déconcerte les esprits superficiels ou sceptiques; vous reconnaîtrez que le principe monarchique et le principe aristocratique, épuisés, incapables de plus rien produire, s'agitent dans les dernières convulsions de la vie qui les abandonne. L'élément démocratique surgit de toutes parts; à l'énergie organique qui réside en lui appartiendra de transformer le monde.

Qu'auriez-vous à faire dans cette lutte du passé contre l'avenir? Condamnerez-vous votre jeunesse à servir la cause des vieillards et des impotens? Subirez-vous volontairement le supplice des faux prophètes du Dante, qui marchent pesamment, lentement, sur l'arène poudreuse, le visage tourné vers les talons?

Ah! plutôt, croyez-moi, mettez la main sur votre cœur, et vous entendrez dans ses battemens pressés une réponse énergique à cette sagesse sénile qui voudrait faire de vous un anachronisme vivant:

Laissez les morts ensevelir leurs morts!

Mais sachez aussi vous défendre de ces espérances chimériques que je vois à regret percer sous le voile de vos résignations. Si modeste que vous le supposiez, il n'est point aujourd'hui, pour vous, de rôle en France. Le cours régulier de nos destinées est trop entravé encore. L'intelligence du travail qui s'opère parmi nous n'est donnée qu'à un trop petit nombre d'hommes. Le peuple suit son instinct; les riches consultent leurs intérêts; les partis se cramponnent à leurs préjugés.

Aussi long-temps qu'il en sera ainsi, les suspicions exagérées, les ressentimens excessifs, les égoïsmes aveugles retiendront le pays dans un état de malaise et de turbulence, au sein duquel les fruits de nos institutions démocratiques ne pourront point mûrir.

L'ère philosophique de la France républicaine, cette ère de justice magnanime et de fraternité véritable, qui permettra au Peuple de vous ouvrir ses bras comme à l'un des siens, n'est pas venue. Sachez l'attendre. Il ne dépend ni de vous, ni de personne, de hâter cette heure de réconciliation et de paix. Mais il dépend, par malheur, de vos amis de la retarder indéfiniment; d'empêcher, peut-être, qu'elle ne sonne pour notre génération condamnée, en dépit de ses élans généreux, à exercer des rigueurs qui ne sont dans l'âme d'aucun de nous.

J'ignore, prince, si l'on persuade les vanités blessées. Je ne sais s'il vous est possible d'imposer une autre conduite à vos partisans que nous voyons partout, dans les provinces, dans l'Assemblée, dans l'armée, souffler le venin de leurs rancunes; insinuer par la ruse aux simples d'esprit des idées erronées; irriter par la calomnie les défiances trop légitimes, hélas! de ceux qui souffrent; pousser à l'agitation et à la révolte; puis triompher sournoisement de nos calamités publiques. Aussi long-temps que vous aurez de tels adhérens, la France devra vous interdire l'entrée de ses frontières. Elle devra vous bannir, le mot est cruel, je le voudrais effacer, car vous portez la peine des crimes d'autrui. Mais n'essayez point de vous raidir contre cette nécessité fatale qui pèse sur tous. La logique de l'histoire ne compte pas avec les personnes.

L'implacable et mystérieuse loi de la solidarité des races, des castes, des familles, vous atteint dans votre vie extérieure; elle est impuissante sur votre âme. Vous n'êtes plus prince, vous ne sauriez encore devenir citoyen; mais vous pouvez toujours être homme, homme libre et juste devant Dieu et devant vos semblables. Suivez la voix intime qui vous parle. Allez vers le *far west*, mettez votre sérieuse jeunesse à l'abri des entraînemens de l'ambition, à l'abri des influences mauvaises, à l'abri même du soupçon le plus lointain. Vous êtes dans une erreur profonde, quand vous dites

que nous aurons des *saturnales par toute la France*, et que
le moment peut être prochain où le secours de votre épée
lui sera nécessaire. Les mœurs du XIX⁰ siècle, empreintes
d'un caractère d'humanité et de douceur irréfragable, ne
permettent plus d'appréhender le retour à des violences
sanguinaires.

Les institutions fondées sur le concours perpétuel de tous,
rendent aussi l'intervention d'un homme, quelque génie
qu'on lui suppose, infiniment moins importante qu'aux
époques où la masse de la nation végétait dans l'ignorance
et dans l'apathie. Je n'hésite pas à dire qu'un homme de génie, au moment présent de notre civilisation, pèserait assez
peu dans les destinées sociales : le bon sens, le véritable
sens commun de la France tout entière, appelé dorénavant
à s'exprimer sans cesse dans le conseil permanent des assemblées électives et législatives, voilà, selon moi, la seule force
en qui l'on doive se fier sans réserve et sans crainte.

Allez donc au *far west*, prince, non pas seulement, comme vous le dites dans vos ambitions trop humbles, pour
créer à vos enfans une *petite fortune*, mais pour tremper
leur âme et la vôtre dans ce puissant élément démocratique
auquel les nations et les individus devront désormais demander la vigueur et la santé morales.

En dépouillant au plus vite les illusions excusables encore qui tiennent à votre naissance et à votre éducation, ne
renoncez point cependant à la confiance en ces institutions
républicaines qui vous repoussent momentanément du sol
français. Enveloppez-vous de silence; ne prenez conseil que
de la solitude; espérez tout de cette bonté sans bornes qui
fait le fond des instincts populaires. Les choses vont vite,
d'ailleurs, et les âmes montent haut quand le souffle de Dieu
les pousse!

II.

PHYSIONOMIE DE L'ASSEMBLÉE NATIONALE.

—

A Fanny Lewald.

4 Juin 1848.

Je me rappellerai longtemps l'impression que me causa votre apparition subite, et ma surprise en voyant une femme, une étrangère, arriver à Paris au lendemain même de nos trois journées, au plus fort de nos troubles civils. La confiance avec laquelle votre intelligence lucide venait contempler et étudier de près ces orages politiques, dont la commotion inattendue déconcertait, ébranlait nos plus renommées sagesses, me parut un présage heureux pour notre jeune république. Je vous savais un gré infini, à vous et à votre charmante compagne, de trouver la France aimable dans un moment où tant d'autres ne la voyaient plus que terrible. L'hommage que vous rendiez, par votre seule présence, à la douceur de nos mœurs, à l'urbanité de notre révolution, à la beauté, à la grandeur de notre génie populaire, tout cela me pénétrait d'une joie indicible.

Je vous l'ai bien mal exprimée, je le confesse. Vous avez dû emporter de l'hospitalité parisienne une opinion médiocre, nous trouvant tous si absorbés dans nos préoccupations, si peu capables d'y faire trève. Nous gardez-vous rancune? Je ne le pense pas. Il me semble, au contraire, sentir toujours au milieu de nous votre esprit sympathique, et je crois répondre à ses inclinations en l'entretenant aujourd'hui de notre vie nationale, des développemens qu'elle a pris depuis que vous nous avez quittés, des hommes qui se sont produits, des choses qu'on a faites. Je viens donc vous prier de m'accepter un instant pour guide et de vous laisser conduire par moi au centre même de nos agitations, de nos luttes, de nos espérances, de nos craintes, hélas! au

sein de ce conseil suprême auquel le pays a remis le soin de
ses destinées. Entrons ensemble, s'il vous plaît, à l'Assemblée nationale.

Notre premier mouvement sera la surprise. Des crânes
dégarnis, des chevelures grisonnantes, des dos voûtés, des
pas alourdis, des voix cassées, voilà ce que l'on voit et ce
que l'on entend quand on plonge, du haut d'une tribune,
sur la réunion des premiers élus de la France révolutionnaire. Disons-le poliment, l'Assemblée nationale est d'un
certain âge. Il sera bien à elle, et puissions-nous avoir à
l'en féliciter, de donner un éclatant démenti à la sagesse
évangélique, en nous prouvant par ses œuvres qu'il *est bon
de verser le vin nouveau dans de vieilles outres.* Pour ma
part, bien que j'aie plus de foi dans l'inspiration de la jeunesse que dans le calcul des années tardives, je vois un avantage à ce résultat inattendu du suffrage universel. Vous aurez la mesure des appréhensions générales, en vous rappe-
lant avec quelle timidité l'opposition demanda pendant dix-
sept ans des modifications insignifiantes au cens électoral,
avec quel imperturbable aplomb le pouvoir rejetait, comme
dangereux et de nature à bouleverser la société, les plus
minimes changemens à la loi existante. Beaucoup d'esprits
judicieux demeuraient dans le doute à cet égard, et croyaient
l'application du suffrage universel hérissée de difficultés. La
violence et l'anarchie leur paraissaient le résultat, sinon inévitable, du moins fort à craindre, d'un tel concours, ou plutôt d'un tel conflit de passions et d'inexpériences.

Quelle réponse le pays vient de faire à ces défiances in-
jurieuses! Tout le monde en convient aujourd'hui, si l'Assemblée nationale a un défaut, ce n'est assurément pas l'excès d'ardeur révolutionnaire; ce n'est pas l'exaltation des
idées, moins encore l'entrainement des passions. Désormais, quoi qu'il arrive, il est une vérité acquise à la conscience publique, c'est que l'instinct populaire de nos jours
est d'accord avec la politique des intelligences élevées, et
que, loin de jeter la perturbation dans le gouvernement des
affaires, il apporte à la raison d'État une force nouvelle et
régulatrice.

La modération *excessive,* si l'on peut ainsi parler, qui a
dicté les choix du pays, peut donc être considérée, dans ce

premier essai, comme une victoire du principe démocratique. Cependant, il sera bien de ne point multiplier de telles victoires ; et, maintenant que le bon sens public a fait ses preuves, je pense qu'il conviendra, aux élections prochaines, d'accuser avec plus d'énergie la volonté de marcher dans des voies nouvelles. Il y aura un juste tempérament à garder, l'expérience de cette première session le rendra facile, entre le scepticisme circonspect des hommes de tous les régimes et le fanatisme aveugle des sectaires.

Les journaux vous auront parlé du costume des représentans, décrété dans des vues de salut public dont personne n'a paru se rendre compte. Nos provinces se sont émues toute une semaine d'un certain gilet *à la Robespierre*, dont l'ampleur menaçante ne cachait rien moins que la guillotine, la proscription, le pillage. Ici, nous n'avons fait que sourire de ce plagiat innocent. Le *Charivari* lui a donné, dans la spirituelle galerie de ces caricatures, la seule place dont il fût digne. Chacun a continué de se vêtir à sa guise. Il eût été trop inconséquent, en effet, qu'avec la liberté de conscience nous n'eussions pas eu la liberté de costume, voire même la liberté de l'absurde. Ceci me rappelle, et je suis bien aise de vous le faire savoir, qu'il y a encore des gens parmi nous qui se traitent entre eux de ducs, de marquis, de vicomtes ; que les armoiries, un moment effacées, ont reparu sur les équipages ; que toute cette noblesse d'hier surtout, dont les titres s'étaient payés à beaux deniers comptant, est rentrée, sottise déployée, dans le privilége du ridicule.

Ceci dit en passant, je vous ramène à la séance. Le citoyen Buchez est assis au fauteuil. Sa forte corpulence, un peu affaissée, indique l'âge du retour. Ses rares cheveux châtains laissent à découvert un front qui ne manque pas de développement, mais où pourtant la pensée ni ne rayonne, ni ne commande. Son œil bleu laisse tomber sur les choses un regard vague et doux qui contraste avec un certain emportement de geste et d'accent dont il ne semble pas maître. La majorité, qui a choisi M. Buchez, est une majorité de compromis, de *conciliation*, comme l'on dit depuis quelque temps. Les suffrages du parti clérical étaient acquis à son orthodoxie catholique. D'autre part, les républicains, les montagnards même, auraient eu mauvaise grâce à se montrer défians envers l'auteur de l'*Histoire parlementaire*. Les *modérés* aiment généralement que l'on aille à la messe. D'où il suit qu'un étrange concours de voix, venues de l'Orient et de l'Occident, du Sud et du Septentrion, porta M. Buchez à la présidence de l'Assemblée nationale. Ses livres, peu les avaient lus les hommes politiques en France se croient dispensés de lire; ses doctrines, on n'y songeait guère. Elles valaient cependant, ne fût-ce que par leur singularité, un moment d'examen. Figurez-vous l'Evangile expliqué par le bourreau, la guillotine entre deux bénitiers; c'est le système social qui ressort de l'*Histoire parlementaire*. On a dit de Raphaël, en comtemplant son œuvre, qu'il était fils d'un ange et d'une muse. Parodiant ce mot charmant, un plaisant a dit de M. Buchez qu'il était fils de la Madeleine et de Robespierre.

Chacun s'accorde à vanter l'énergie dont il a fait preuve à la mairie de Paris pendant tout le temps où son dévoûment a pu y sembler utile. Cette énergie ne s'est pas retrouvée au 15 mai; mais il serait injuste d'en conclure qu'elle est évanouie. Un péril plus réel, un drame plus terrible, inspirerait, j'en suis certain, à M. Buchez, des résolutions qu'un danger médiocre n'a pas provoquées. Sans pâlir, il saluerait, lui aussi, la tête de Féraud; mais les vociférations de quelques insensés, dans un temps où personne ne veut la mort de personne, ne sont pas de nature, vous l'avouerez, à monter les âmes au ton héroïque.

A la gauche du bureau, sur le premier gradin voisin de la tribune, saluons Dupont de l'Eure, ce vénérable représentant de la probité républicaine. Deux fois Dupont de l'Eure est accepté par le peuple comme garantie des promesses qui lui sont faites. Indignement joué en 1830, sera-t-il satisfait en 1848?

Je cède au désir de vous raconter ici une scène populaire dont il est le héros modeste. C'était le 24 février, pendant le trajet de la chambre des députés à l'Hôtel-de-Ville. La multitude, qui n'avait pu entrer dans le Palais-Bourbon, s'inquiétait, interrogeait, demandait les noms qu'on venait de proclamer. — Qui est celui-ci? me dit un ouvrier en désignant du doigt Dupont de l'Eure; je le nommai. La joie éclata sur la figure de l'homme du Peuple, et ce nom répété vola de bouche en bouche ; on se pressa autour du vieillard ému : « Ah c'est vous qui êtes l'honnête Dupont de l'Eure, lui criaient ces braves gens avec une naïveté touchante ; on ne nous trompera pas cette fois, n'est-il pas vrai ? nous voulons la République. » Et le vieillard, étendant vers eux ses mains, répétait avec un accent qui nous arracha des larmes : « Pas de guerre civile, mes enfans ; surtout pas de guerre civile ! »

A ses côtés, Lamartine, génie heureux, grandeur aimable, à qui ses défauts même tournent à gloire. Avez-vous vu l'Iris se balancer, en la teignant de pourpre, d'azur et d'or, sur la cascade argentée du Staubbach? Avez-vous contemplé ces flots éblouissans qui semblent tomber des cieux et se dissipent en vapeur insaisissable avant de toucher la terre ? Telle est la splendide éloquence du poète, dont la source est aux plus divins sommets de la pensée, et qui descend comme à regret jusqu'aux vulgarités des affaires humaines.

Un peu plus loin, Arago, type noble et grave de la beauté démocratique. Ce sera l'éternel honneur des enfans de Paris, d'avoir, au plus fort de la fièvre révolutionnaire, sur les barricades croulantes, associé dans leurs acclamations les gloires sereines du savant et du poète. Quelques-uns reprochent à l'éminent astronome des faiblesses paternelles et fraternelles. Nous allons à l'*Aragocratie*, s'écriaient les malins, dès les premiers jours de la République. Quant à moi, un tel danger ne m'épouvante guère. Dans un aussi vaste cerveau, l'amour du bien public et l'esprit de famille ne sauraient-ils loger ensemble sans se nuire ?

J'en passe et des meilleurs, ne voulant point, en une seule fois, lasser votre attention bienveillante.

Regardez cette figure ouverte, cette physionomie sympathique, cet œil confiant et cette belle prestance, tout cet épanouissement de vie enfin, qui trahit le goût des plaisirs faciles et je ne sais quelle sensualité inoffensive. Qui le croirait ? C'est l'ogre des salons, le croquemitaine des provinces, le Danton des badauds, le criminel auteur de ces proclamations incendiaires qui ont envoyé à l'Assemblée cette masse compacte de chauves sagesses dont je vous parlais tout à l'heure, Ledru-Rollin, enfin, *c'est moi qui l'ai nommé*. Passons vite ; car, pour plaire aux poltrons, il faudrait l'insalter. Depuis qu'ils n'ont plus peur, c'est à qui lui jettera la pierre.

En voici un autre, non moins altéré de sang innocent, non moins épris de guillotine, le citoyen Flocon. Celui ci, chose grave, a le teint pâle, la moustache soldatesque, l'air de tête provoquant. A la tribune, il parle avec netteté, précision, sans artifices oratoires. Il serait à souhaiter que son mode simple et bref d'exposer les affaires prît faveur dans une assemblée où le bavardage déclamatoire des avocats de province fatigue incessamment l'esprit et l'oreille.

Pourquoi M. Flocon croit-il devoir affecter des allures brusques et familières, des façons peu courtoises qui choquent les habitudes de la société française? Par société, comprenez bien que je n'entends point les salons aristocratiques, mais le peuple tout entier; ce peuple d'Athéniens, comme disait avec orgueil le plus démocrate des journalistes, ce peuple sensible aux grâces du langage, à l'aménité, à la délicatesse des formes, que vous auriez pu voir, ces jours passés, applaudir aux vers de Racine et couronner de fleurs la muse antique. Quelle erreur serait la nôtre en faisant de la démocratie de Hurons! Les vertus républicaines n'ont nul besoin de se créter dans leur impolitesse. La République n'est point une parvenue qui craigne de se commettre en se montrant aimable.

Le visage noble, l'air contemplatif de M. Jules Bastide, son front voilé, forment un étrange contraste avec la physionomie mobile et ce que les phrénologues appelleraient la *communicativité* de son voisin, M. Crémieux. Combien ne doit pas souffrir des agitations de la vie publique ce rêveur platonicien, cet Obermann apaisé, confessé, qui disait, dans les années orageuses de la jeunesse : « *J'aime à écouter, dans le silence de la vie d'habitude, le mouvement sourd de la vie intérieure* ; » lui qui enviait à un ami la joie mélancolique de *voir monter la lune sur le Vélan!* M. Bastide faisait partie, vers 1818, de ce groupe de rares esprits, un peu sauvages, qu'un critique célèbre définissait ainsi : « *Hommes sensibles et enthousiastes; méconnus ou ulcérés; génies gauches, malencontreux, amers; poètes sans nom; amans sans amour, ou défigurés.* »

Celui qui entre là-bas, commodément, tranquillement, un

peu à la façon de M. Thiers dans la chambre des députés, c'est le maire de Paris, l'ex-rédacteur en chef du *National*, Armand Marrast. Que de malice dans son sourire ! Quelle pénétration dans son regard ! Comme il sait se faire écouter même après les plus brillans orateurs ! Comme on devine que son ambition, s'il en a, saurait choisir l'occasion et ne se montrer qu'à son heure !

Tout en haut de ces gradins dont le pouvoir exécutif occupe les degrés inférieurs, on remarque plus d'une place vide. C'est là qu'on voyait, auprès des deux Arago, Albert le mécanicien ; Barbès, le pauvre fanatique, en proie à cette triste monomanie, à cette maladie inguérissable de *l'idée fixe* qui peuple Bicêtre et qui l'a conduit à Vincennes ; Caussidière, ce Charlemagne méconnu de la préfecture de police qui voulait faire, lui aussi, de l'ordre avec le désordre, de la civilisation avec la barbarie.

Si Louis Blanc siége encore à sa place accoutumée, c'est grâce au sens politique qu'a montré hier le parti républicain. Certes, je n'exagère pas en disant que, sauf de rares exceptions, les vrais démocrates n'acceptent en aucune manière les théories économiques de M. Louis Blanc. Ils approuvent avec beaucoup de réserve la ligne de conduite que le jeune et audacieux historien a cru devoir suivre depuis le 24 février ; mais ils ont compris où les entraînerait le vote qui leur était demandé, et se sont refusés à servir ce perfide système d'épuration dont les conséquences amèneraient de proche en proche le triomphe des ennemis de la République.

Un autre jour, je vous parlerai des livres de Louis Blanc. Beaucoup de talent, une facilité merveilleuse, y sont dépensés, prodigués au service d'un paradoxe. Mais ceci nous entraînerait trop loin : rentrons dans l'Assemblée.

Qu'est devenu le Père Lacordaire ? Son blanc vêtement de dominicain, pâle souvenir d'une théocratie morte, se détachait étrangement sur la masse noire des législateurs populaires ; on eût dit le fantôme de l'inquisition contraint par la justice divine à venir saluer les libertés de la conscience moderne. Le Père Lacordaire vient de donner sa démission. Il eût fait plus sagement de ne pas ambitionner une situation aussi ambiguë. La place du sacerdoce n'est point là :

« *Nul homme qui combat au service de Dieu ne s'embarrasse des affaires du monde,* » dit l'apôtre.

Béranger, non plus, n'a point voulu rester où l'envoyait
la confiance du peuple. Avec la bonhomie maligne de son
esprit gaulois, il s'est récusé, n'ayant pas fait, disait-il, *des
études spéciales* suffisantes. L'ironie allait à l'adresse des
quatre cinquièmes de l'Assemblée ; mais la suscription était
écrite en caractères si fins que peu de gens l'ont su lire.

Plus intrépide au combat, mieux exercé à surmonter ses
répugnances, plus croyant dans l'efficace de la volonté, Lamennais paraît chaque jour à son poste, sacrifiant au devoir
sa santé, son repos, le commerce des douces amitiés, et ces
grands travaux philosophiques, ces entretiens avec Dieu, qui
l'ont consolé de tant d'injustices. Son front sillonné, son
visage amaigri, l'éclair qui jaillit de ses creux orbites, et
jusqu'au rire un peu convulsif de sa lèvre attristée, tout en
lui révèle la lutte et le déchirement. On sent là comme un
immense tremblement d'âme, d'où, se frayant passage à travers les ruines amoncelées, la vérité a jailli et s'est répandue
en torrens de feu. J'aurai à vous entretenir, dans une lettre
prochaine, du plan de constitution qu'il vient de faire connaître. Je n'en veux point parler en courant. Tout l'avenir
de la liberté est contenu en germes dans ces pages sublimes.

Retournons au passé.

Voici, sur les bancs de la droite, MM. Berryer, Larochejaquelein, Falloux, Vogué, le parti légitimiste dans toutes
ses variétés, selon toutes ses formules, les dévots, les indé-
vots, les résignés, les téméraires, les républicains même, il
y en a : *Paris vaut bien une Marseillaise.*

Ce groupe souriant, dédaigneux, ayant l'air de se demander pardon à soi-même de fréquenter si mauvaise compa-
gnie, c'est ce qui fut la Gauche dans l'ancienne Chambre.
Son chef honoraire est toujours là, M. Barrot, qui *veut et
ne veut pas,* qui *n'avoue ni ne désavoue* la dynastie. La politique de ce parti, politique niaise et quintessenciée tout
ensemble, n'a pas changé dans la traversée orageuse de la
monarchie à la République. A cela près d'un léger mal de
mer, on ne voit pas que les dynastiques aient trop souffert
de la bourrasque. Tels ils étaient, tels ils sont, tels ils res-
teront dans les siècles des siècles. Ces amans platoniques de

la liberté, ces Abeilard de la doctrine, s'évertuent aujourd'hui comme hier à chercher, entre la démocratie qu'ils ne comprennent pas et la monarchie qui les embarrasse, je ne sais quel terrain vague où puissent se déployer à l'aise leurs vanités triomphantes. Gageons qu'ils méditent à cette heure le menu d'un banquet réformiste. Seulement, cette fois, ce ne seront pas les quasi-radicaux que l'on priera d'y souscrire, mais les quasi-conservateurs, leur promettant d'éluder avec art le toast à la République.

Que vous dirai-je encore? temps perdu, vanités étalées, faiblesse, intrigue, turbulence sans passion, vacillité qui se contredit à toute heure, tel est jusqu'ici le tableau que présentent les délibérations de l'Assemblée. Le grand souffle de Février n'a pas pénétré cette enceinte. Défiante du pouvoir qu'elle a créé, défiante du Peuple auquel elle doit l'existence, défiante même de cette garde nationale qu'elle caresse, mais dont elle suspecte aujourd'hui la tiédeur, demain le zèle, la Constituante contribue pour sa large part à prolonger le malaise d'un état précaire dont il faut sortir à tout prix.

Une constitution franchement démocratique, qui donne au pouvoir l'unité en faisant circuler la liberté au plus épais des masses populaires, voilà ce que le pays demande et ce qu'il faut lui donner sans retard. Avec la liberté et l'unité le reste viendra par surcroît.

Les théories socialistes, comme on les appelle aujourd'hui, librement, incessamment élaborées, discutées, élucidées à la face de tous, favorisées avec discernement et prudence dans leurs applications, épurées peu à peu de ce qu'elles ont de faux et d'irréalisable, complèteront l'œuvre politique de l'Assemblée. Les sectaires perdraient tout en voulant tout hâter; mais l'Assemblée aussi compromettrait l'avenir si elle ne s'arrachait aux misères de ces querelles intestines où sa force s'épuise, et qui lui aliéneraient, en se prolongeant, l'amour et le respect du Peuple.

IMPRIMERIE EDOUARD PROUX ET Cᵉ, RUE NEUVE-DES-BONS-ENFANS, 3.

LETTRES RÉPUBLICAINES.

III.

DE LA PRÉSIDENCE.

—

À M. F. Lamennais.

14 Juin 1848.

Les travaux de la commission de constitution touchent à leur terme. Avant huit jours, le projet, accepté par dix-sept membres, sera porté à l'Assemblée nationale. En s'abstenant de nommer à la place que votre démission laissait vacante, l'Assemblée est entrée dans le sentiment de la commission qui attachait à votre présence un prix inestimable. S'il faut ajouter foi à des bruits accrédités, on aurait discuté longuement, consciencieusement, le plan dont vous aviez pris l'initiative, et donné à plusieurs de ses dispositions principales une sanction unanime. Combien il est regrettable que vous n'ayez point pris part à ces graves débats ! Selon toute apparence, l'autorité de votre parole eût triomphé de bien des doutes. Avec cette éloquence sévère que vous puisez dans une philosophie profonde des choses, comment n'eussiez-vous pas gagné à l'ensemble de vos idées une adhésion venue d'elle-même au-devant de quelques unes des plus importantes ? La concordance admirable de votre système avec les grandes lois qui président à la formation des êtres eût frappé les moins bien prévenus. On eût compris comment de l'étroite solidarité de toutes les parties du corps social vous faisiez ressortir la plus parfaite unité, la liberté la plus étendue. Vos institutions communales, par exemple, n'eussent point été repoussées. Cette extension puissante donnée à la vie collective, exposée, expliquée par vous, aurait paru à tous aussi nécessaire à la plénitude de la liberté que l'institution de la présidence est souhaitable pour fonder l'unité dont elle est le gage et le signe.

L'opinion publique, peu éclairée encore sur ces matières, le sera, espérons-le, par la discussion de l'Assemblée. Puisse votre santé, si éprouvée par les travaux et les soucis de tout genre, vous permettre alors de monter à la tribune et de développer, comme vous l'avez fait en plusieurs rencontres, au sein d'un auditoire trop circonscrit, dans l'abandon de l'intimité, l'enchaînement logique et la connexité d'un système auquel on ne saurait rien enlever sans porter atteinte à cette harmonie vitale dont vous avez demandé le secret à la science, à l'histoire, à la raison humaine !

On paraît d'accord, quant à présent, sur la question de la présidence. C'est, en effet, la plus facile à saisir, et les objections présentées ne sont point sérieuses. *L'autorité d'un seul, a-t-on dit, quelque limitée, quelque responsable, quelque révocable qu'on la suppose, blesse le sentiment d'égalité sur lequel repose la République.* Mais quelle étrange notion *d'égalité dans l'autorité* se forment donc les esprits capables d'une telle objection ? Où cette égalité se rencontre-t-elle ? Qui l'a jamais vue ? Qui l'a pu rêver ? Interrogeons toutes les époques de l'histoire ; remontons avec Jean-

Jusques à ce fabuleux état de nature qui lui semblait l'état de perfection des œuvres divines ; suivons dans leurs migrations les peuples nomades , asseyons-nous au foyer des familles patriarcales, assistons au conseil des tribus sauvages, surprenons les enfans dans leurs jeux ; et, si nous craignons que le préjugé se soit infiltré déjà dans ces associations rudimentaires, allons plus loin encore à la recherche des instincts naturels ; observons la république des castors, celles des fourmis, des abeilles, je défie qu'on me montre en aucun lieu du monde, dans aucune société humaine ou animale, un pouvoir partagé d'une façon égale entre chacun des membres de la communauté. Une telle égalité dans les fonctions de la vie ne se voit que chez les organisations inférieures, chez ces êtres mixtes qui participent du végétal autant que de l'animal, chez le polype entre autres, dont la tête est partout et nulle part ; mais Dieu préserve la France de l'égalité du polype !

Est-il besoin d'insister sur une vérité aussi banale ? L'égalité n'est point le couronnement, mais la base des sociétés démocratiques. L'égalité, c'est le droit reconnu pour tous, et la faculté donnée à chacun, de parvenir au complet développement de son être physique et moral, et de s'élever, selon la mesure de ses forces, dans la hiérarchie élective des rapports sociaux. Comment donc cette égalité serait-elle blessée par l'unité d'un pouvoir *limité*, *responsable*, *révocable*, auquel chacun, sans distinction, peut être appelé à son tour par le suffrage de ses concitoyens ? C'est évidemment là une crainte irréfléchie ; car cette unité n'est point, comme on semble l'indiquer, une création arbitraire de la politique, mais tout simplement une nécessité des organisations supérieures, une perfection de la condition humaine. Quel que soit, d'ailleurs, le mode de gouvernement adopté ; qu'au lieu d'être délégué à un seul, le pouvoir soit confié à trois consuls, je suppose; à cinq, à vingt directeurs; ou, pour entrer plus avant dans le système égalitaire, à une Assemblée de neuf cents membres ; l'égalité ne cessera-t-elle pas brusquement au neuf cent-et-unième, et les trente-quatre millions de Français qui n'auront point de part à cet honneur souverain ne devront-ils pas se trouver lésés dans leurs droits, *blessés dans leur sentiment* ? Nous touchons du doigt l'absurde.

Examinons maintenant ce qu'il y a de fondé dans la crainte d'une dictature.

Sans nul doute, il est dans la nature de l'homme, même de l'homme de bien, dégagé de toute ambition personnelle, de vouloir la plus grande autorité possible pour faire prévaloir ses idées et les mettre en pratique. On a remarqué aussi que l'exercice du pouvoir, si légitime qu'il fût, altérait, en se perpétuant, les âmes les meilleures, et qu'une pente invincible entraînait vers l'arbitraire tout homme investi d'un commandement trop prolongé sur ses semblables.

Mais les conditions auxquelles doit être remis dans les républiques modernes l'exercice de la souveraineté, sont de telle sorte qu'il devient impossible à la défiance la plus inquiète d'en concevoir le moindre ombrage. Quand je relis le projet soumis par vous à l'opinion publique, j'y vois que le président est élu par le peuple tout entier pour *trois années* seulement; qu'il ne peut être réélu qu'*après l'intervalle d'une session au moins ;* qu'il *réside auprès de l'Assemblée nationale ;* qu'il *ne peut avoir de commandement militaire pendant la durée de ses fonctions ;* qu'enfin, *en cas de forfaiture, il peut être mis en accusation par l'Assemblée nationale, et qu'il sera jugé par la haute cour de justice.*

Or, je demande de quelle manière, dans un aussi court espace de temps, sans aucune de ces influences que donnent le libre maniement des deniers publics, la conduite des armées, la captation des majorités devenue impossible dans une assemblée qui repousse de son sein les fonctionnaires; je prie qu'on me dise comment, par quel moyen surhumain, en présence d'une liberté de presse illimitée, un président, qui n'aura à distribuer ni puissance, ni richesse, ni gloire, saura déjouer la surveillance de l'Assemblée, aliéner la conscience publique, surprendre et garrotter la volonté nationale?

Ainsi que vous le faites remarquer, mon illustre ami, aux États-Unis, dans la société la plus démocratique du monde, on ne fait nulle difficulté de remettre aux mains d'un seul le pouvoir exécutif, et l'on n'a pas vu encore depuis soixante ans, une seule tentative d'usurpation. L'expérience est donc ici en parfait accord avec le raisonnement. Les esprits qui prennent la peine d'étudier l'histoire des législations et les principes de la civilisation moderne, ne sauraient conserver à cet égard de doute sincère.

Je dis plus, le danger, appréciable au premier coup d'œil, des tendances de l'esprit moderne et des sociétés démocratiques qui en sont l'expression la plus fidèle, ce n'est point l'excès de concentration, mais l'excès d'expansion. Indéfinie, illimitée, la force expansive devient désorganisatrice. Elle arriverait, si elle n'était contenue, à la dissolution de toute forme, de toute individualité. Elle absorberait la famille dans l'Etat, l'Etat dans l'humanité, et, dans les régions spéculatives, elle ferait évanouir l'humanité au sein de ce vague panthéisme qui nie à Dieu lui-même la conscience de soi. Plus le mouvement d'expansion s'accélère et nous entraîne, plus il devient nécessaire de maintenir le principe et la forme du gouvernement personnel et véritablement responsable. Plus la voile est gonflée, plus le courant est rapide, plus la main qui tient le gouvernail doit agir en vue de tous, avec promptitude et liberté.

Une Assemblée délibérante est une sorte d'abstraction que le peuple ne sait trop où prendre, soit pour l'accuser de ses maux, soit pour la bénir de ses prospérités. L'Allemagne, peut-être, s'en accommoderait, accoutumée qu'elle est aux formules d'une métaphysique où le *moi absolu* tient tant de place. Mais cette abstraction est antipathique au génie français. Le peuple, en France, ne l'oublions pas, est éminemment doué du sens plastique ; il veut personnifier, nommer ses amours et ses haines ; il aime dans son gouvernement la spontanéité, la décision. Il respectera dans une assemblée législative la sauvegarde des libertés qui lui sont chères plus que la vie ; mais il ne voudra pas, son bon sens y répugne, que les mêmes hommes aient tout à la fois mission de délibérer et d'agir, de contrôler et d'exécuter.

On convient, il est vrai, que c'est une minorité, et même une minorité dont on semble faire assez peu de cas, puisqu'on la traite de *folle* et de *somnambule* (1), qui repousse l'idée de la présidence ; mais l'on ajoute : « La sagesse de la » majorité consisterait, non à repousser hors de ses rangs et à » abandonner la minorité à son propre désespoir, mais à » l'entraîner doucement, fût-elle folle, fût-elle somnam- » bule, parce que l'unanimité est le seul gouvernement pos- » sible dans l'idéal. »

Si l'on entend par là que les minorités ne doivent jamais être opprimées, c'est-à-dire qu'elles doivent, par une liberté entière de discussion, pouvoir toujours agir sur l'opinion et se transformer à leur tour en majorités, rien de plus incontestable. Ces métamorphoses, rapides ou lentes, de l'esprit public, sont l'essence même des sociétés républicaines ; mais si l'on conseille d'attendre, pour gouverner les affaires, cette *unanimité idéale*, peu conciliable, hélas ! avec l'imperfection humaine, et dont je ne vois le règne établi nulle part ailleurs que chez les habitans d'Icarie ; si l'on sous-entend qu'il serait bon de remettre provisoirement la conduite du pays à une minorité de *somnambules*, je confesse n'y plus rien comprendre. C'est là une politique de magnétiseur ; il y

(1) Lettre au citoyen Lamennais, par George Sand.

faut des Cagliostro, des Mesmer, des Alexandre Dumas. Mais passons.

Après avoir fait appel, au nom de la minorité, à la *douceur*, à la *prudence* de la majorité, on change de ton et l'on menace : « L'admission d'un seul homme au Pouvoir exécutif, l'établissement d'une présidence unique, serait, affirme-t-on, le signal d'une guerre civile. » Erreur profonde ! aveugle prophétie de colères présomptueuses ! Sans croire aucunement que l'unanimité soit le seul Gouvernement possible, j'estime trop haut le bon sens de cette minorité à laquelle on prête des sentimens si peu patriotiques, pour m'abandonner à de telles craintes, et je ne saurais admettre une minute qu'un président, élu contrairement à l'*instinct* de quelques uns par la volonté réfléchie du plus grand nombre, dût être *contraint de se faire dictateur, et que tout dictateur dût être forcé de marcher dans le sang.* Non, non, ce sont là des épouvantemens puérils, nés peut-être dans d'excellens cœurs, mais qui ne trouvent nul accès dans les intelligences saines. A l'aide de ces menaces chimériques, on exige de la majorité qu'elle *transige* avec la minorité, *qu'elle essaie de faire vivre et agir ensemble tous les élémens divers de l'opinion républicaine.* C'est, en effet, le but, et un but sacré. Mais les politiques auxquels je réponds ici connaissent-ils d'autre moyen d'y parvenir que la soumission momentanée de la minorité à l'opinion de la majorité constatée par la permanente épreuve de l'élection ? Nous apprendront-ils laquelle de ces minorités diverses, dont ils revendiquent les droits, on devrait consulter pour être certain de rencontrer l'expression vraie de cet *instinct sans formule, de cette inspiration divine*, que chacun de nous est parfaitement autorisé à sentir dans son propre cœur ?

Quelle transaction juge-t-on possible entre ce qu'un illustre écrivain appelle l'*utopie romanesque de M. Cabet* et le *plan inachevé de Pierre Leroux*, par exemple ? Conciliera-t-on aisément la banque d'échange de M. Proudhon avec l'organisation du travail de Louis Blanc ? Bien téméraire qui le tenterait aujourd'hui ! De longues discussions, des débats pacifiques formeront peu à peu sur ces matières, j'en ai la certitude, une conviction générale, qui se manifestera en amenant au pouvoir les hommes capables de la faire passer dans les lois. Mais, jusque-là, combien il est insensé, combien il serait coupable d'entraver par des impatiences turbulentes le progrès régulier des institutions républicaines ! Ces institutions, et je compte en première ligne l'unité du pouvoir, la présidence, ne favorisent aucunement la dictature. La volonté du peuple, incessamment consultée, est et demeure le principe générateur de la République. Mais, encore une fois, cette volonté n'a d'autre mode de se révéler que la majorité des suffrages. Hors de là, il n'est que trouble, confusion, arbitraire, violence.

La majorité se prononce pour la présidence. Elle reconnaît l'avantage de ce pouvoir unique appuyé sur l'Assemblée, conseillé, surveillé par elle. Le bon sens public approuve une combinaison qui concilie l'inspiration soudaine du génie individuel avec les heureuses lenteurs de la raison collective.

J'ose demander à votre grand esprit de ne point abandonner au hasard d'une opinion encore flottante les autres dispositions du plan si vaste et si simple qu'il a conçu. L'assentiment donné par la commission à plusieurs de vos idées vous y engage. Et, d'ailleurs, ne le sais-je pas? vous ne consulterez ni vos goûts ni vos convenances, à l'heure où le pays réclame votre concours, quand ce peuple que vous aimez, auquel vous avez voué votre génie, a plus que jamais besoin qu'on l'éclaire.

IV.

A PROPOS DU PRINCE LOUIS BONAPARTE.

—

A M. P.-J. Proudhon.

18 Juin 1848.

« Le Peuple a voulu se passer cette fantaisie princière qui n'est pas la première du genre ; et Dieu veuille que ce soit la dernière ! » (*Le Représentant du Peuple* du 14 juin 1848.)

Que de raison dans votre ironie, Monsieur, et quelle sérieuse tristesse je devine sous ce persiflage ! Hélas oui ! le Peuple a des *fantaisies*, des boutades, des caprices. Ni plus ni moins que les rois absolus, il s'ennuie parfois de sa grandeur et se jette dans l'extravagance. Ses flatteurs l'y encouragent, ses ennemis l'y poussent, ses amis, trop indulgens, le suivent au lieu de le retenir. Les peureux de tous les régimes et les courtisans de tous les règnes ont si bien prodigué, en ces derniers temps, l'adulation et l'hyperbole au nouveau souverain, qu'il semble étrange aujourd'hui qu'on ose lui adresser une parole de blâme. Il vous appartenait plus qu'à nul autre, Monsieur, à vous qui avez si longtemps combattu dans les rangs du Peuple, de lui dire la vérité sans ménagement, car vous ne sauriez être suspect de dédains aristocratiques ; et je vous sais, quant à moi, un gré infini de nous donner l'exemple d'une franchise devenue aussi rare sur la place publique qu'elle l'était naguère dans l'antichambre des rois.

Il est temps, en effet, que le Peuple soit averti, car la dernière *fantaisie* qu'il vient de se passer est de nature à compromettre beaucoup l'idée qu'on s'était faite de sa maturité et de son jugement. Jamais plus brusque sottise n'est venue démentir une sagesse mieux éprouvée. Jamais contradiction plus choquante n'a surpris et contristé ceux qui respectent et voudraient honorer toujours le suffrage populaire. Le ballet que dansait Louis XIV devant un parterre prosterné n'était-il pas moins ridicule, à votre avis, que cet intermède politique des élections où nous venons de voir le Peuple français, sous les yeux de l'Europe qui le siffle, jouer le rôle d'un niais sans dignité ni grâce ? Aristote à quatre pattes, promenant dans les jardins d'Alexandre, sur son dos de philosophe, une courtisane indienne, me paraît moins grotesque que la Révolution de 1848, élevant dans ses bras et portant aux honneurs suprêmes... qui ? on a honte de le dire, la postérité aura peine à le croire, le prétendant confus de Strasbourg et de Boulogne, le promeneur d'aigle, le traîneur de sabre impérial, le constable par inclination, et, pour tout dire en un mot, le *neveu*, oui, le neveu obscur d'un grand homme !

O démocratie, incline toi ; salue la féodalité, le privilége ; salue les ducs, les comtes, les barons ; renie tes pères, abjure tes dogmes ; fais taire ta bouche, impose silence aux battemens de ton cœur ; démocratie, fière démocratie, prépare à ton foyer une place pour des hôtes insolens, venus de loin ; voici le cortége de l'empire qui passe !

Si cela n'était aussi absurde , combien ce serait lamentable ! Comment donc la raison populaire s'est-elle si vite pervertie, et de telle sorte, qu'elle soit allée chercher hors de France, pour la représenter, ce vain simulacre de choses mortes ; qu'elle honore, en la personne d'un être sans valeur et sans prestige, ce qu'il y a de plus inconciliable avec la liberté et l'égalité : le principe du commandement héréditaire ? La *fantaisie* du 15 mai , plus dangereuse peut-être, était bien plus logique ; c'était la fièvre de la démocratie surexcitée ; c'était l'abus de sa force, ce n'était pas l'oubli de son principe ; tandis qu'aujourd'hui, ne craignons pas de le confesser pour rendre à jamais impossible le retour à des aberrations analogues, la révolution de février se couvre d'un ridicule amer en se laissant surprendre par les artifices grossiers d'un prétendant subalterne. Combien lui-même doit s'étonner d'avoir trouvé, sous la République, des esprits plus crédules et des consciences plus accessibles qu'au temps de la dynastie, où *le premier soldat qu'il rencontre lui répond qu'il ne le connaît pas ; où la population au milieu de laquelle il se présente se lève en masse pour repousser une agression insensée* (1).

Est-ce bien chez un peuple éclairé que l'on peut réussir avec des moyens aussi puérils et d'aussi vulgaires séductions? Marchander, avec l'argent de l'Angleterre, l'honneur de nos soldats, promettre au paysan la suppression de l'impôt, distribuer de l'eau-de-vie dans les carrefours, répandre à profusion des emblèmes et des panégyriques (2), singer Tar-

(1) Voir le *Moniteur* du 28 septembre 1840 et des jours suivans.

(2) Voici un passage d'une de ces biographies : « .... Il est » vrai que n'ayant ni l'ovale de figure, ni les joues pleines, ni le » teint bilieux de son oncle, l'ensemble de sa figure est privé de

quin l'ancien et renouveller, au xix° siècle, les prodiges qui frappaient les imaginations étrusques (1), pauvres ressources d'une ambition aux abois pour se frayer les voies à la dictature et pour revendiquer le glorieux héritage du plus grand capitaine des temps modernes ! Pourquoi faut-il que nous ne puissions pas dire aujourd'hui ce que disait en 1840 un magistrat de la monarchie : « Jamais ambition plus folle n'est « venue s'ensevelir sous un plus honteux dénouement. (2) » Pourquoi faut-il, encore un coup, que la république ait eu ce ridicule de voir élire pour représentant de la souveraineté populaire un homme entré deux fois, à main armée, sur le territoire français, pour faire, disait-il, *son devoir envers sa*

» quelques-unes des particularités qu'on remarque dans la tête
» de l'empereur. Les moustaches qu'il porte, avec une légère im-
» périale, nuisent un peu à cette ressemblance. Cependant, en
» observant attentivement les traits essentiels, on ne tarde pas à
» voir que le type napoléonien est reproduit avec une étonnante
» fidélité. C'est à faire frissonner, surtout lorsqu'il se retourne, un
» soldat de la vieille garde. »

(1) On sait que le prince Louis Bonaparte a dressé un aigle à voltiger autour de sa tête. Il a lu son Tite-Live avec fruit, et met son érudition en pratique.

... « Comme ils furent arrivés au Janicule, un aigle descendit
» doucement sur leur chariot et enleva le chapeau de Lucumon,
» et, après avoir volé quelque temps au dessus d'eux avec de
» grands cris, il remit le chapeau fort proprement au même lieu.
» Tanaquil, assise auprès de son mari, l'embrassa et l'assura
» d'une très grande fortune en lui expliquant les circonstances
» de ce présage. Ils entrèrent donc dans Rome, pleins de hautes
» espérances. »

Tite-Live, traduction de Bayle.

(2) *Moniteur* de 1840.

naissance, et pour tenter, par toutes sortes de moyens, de reprendre la couronne (1)?

On allègue, je le sais, pour excuser cette élection anormale, le mécontentement du peuple qui, sans trop s'inquiéter des conséquences, veut fronder le pouvoir et faire de l'opposition à tout prix. Mais, grand Dieu ! que cette opposition est aveugle et va contre le but ! Les fautes de ceux qui nous gouvernent sont nombreuses, qui le nie ? Le manque d'accord entre des hommes que la violence des évènemens, plutôt que la force des sympathies, a poussés les uns vers les autres, se trahit presqu'à chaque heure par la vacillité des résolutions, le recours aux expédiens dilatoires, les brusques rétractations, les alternatives de témérités et de défaillances ; rien de moins contestable. Mais est-ce un moyen bien efficace d'arriver à plus de concert entre le Peuple, l'Assemblée nationale et le pouvoir exécutif, que de venir jeter à la traverse d'une situation très complexe un embarras de plus ? Je ne le pense pas.

> « Patience et longueur de temps
> Font plus que force ni que rage. »

Et qu'est-ce donc, je vous prie, que trois mois dans l'histoire d'une révolution ? Un moment insaisissable, une demi-page à peine. Le règne qui vient de finir en est la preuve. Combien d'années ne lui a-t-il pas fallu pour donner l'autorité aux hommes, la discipline aux partis, la confiance à l'Europe ? Sachons donc aussi retenir nos impatiences, et surtout ne procurons pas aux ennemis de la République la joie de nous voir si étourdiment tomber dans les piéges qu'ils nous tendent. Cette joie éclatait, depuis quelques jours, sur

(1) Proclamation du prince Louis Bonaparte. Voir le *Moniteur* du 28 septembre 1840 et des jours suivans.

le visage des hommes de dynastie. La venue prochaine à Paris de Louis Bonaparte leur causait une satisfaction mal déguisée. Ils voyaient dans cet homme remuant, prodigue d'argent et de mensonges, versé dans l'art d'ourdir des trames, des complots, un auxiliaire précieux en raison même de sa présomption et de son incapacité avérées. En perpétuant au milieu de nous, par sa seule présence, le trouble et l'agitation, le prétendant impérial hâterait, on n'en doutait pas, cette lassitude funeste, que les partis vaincus appellent de tous leurs vœux comme la seule chance offerte aux ambitions des prétendans bourboniens. La tactique est fort simple ; elle n'a rien qui doive surprendre de la part de ces politiques égoïstes pour qui la prospérité du pays est si peu de chose auprès de leurs intérêts et de leurs amour-propres.

Abandonné à ses instincts de générosité par un pouvoir qui a manqué de prudence, le peuple a pu, sans en prévoir les suites, *se passer*, comme vous le dites si bien, *une fantaisie princière*. Mais aujourd'hui le voile est déchiré. De regrettables désordres nous montrent jusqu'à l'évidence que ce n'est point le temps des *fantaisies*. Attendons que nos cœurs soient pacifiés, que nos destinées soient assises. Attendons, je le disais il y a peu de jours à l'un de ces *prétendans* éconduits, que l'ère philosophique de la République soit venue. Attendons que notre constitution démocratique ait rallié, par les effets sensibles de ses grands principes, les esprits incertains, les volontés rebelles. Jusque là, tenons-nous fermement à la raison d'État. Maintenons cette loi nécessaire, qu'a dictée le bon sens des peuples, et bannissons du territoire quiconque, innocent ou coupable, appartient à ces maisons royales dont l'existence, au sein d'une République naissante, est une inconséquence politique et un danger. Ce serait, il faut l'avouer, un privilège inqualifiable que celui qui favoriserait, entre les prétendans de toute sorte, le seul dont les partisans criminels ont jeté la perturbation dans les rues et l'inquiétude dans les esprits. Le jour où Paris, heureux et tranquille, ouvrira ses portes à Louis Bonaparte, il ne pourra, sans une criante injustice, sans un affront immérité, les fermer au comte de Chambord, au prince de Joinville, au comte de Paris, et même à Louis XVII, s'il vient à ressusciter.

Enfans du peuple, laissons les *fantaisies* aux rois blasés, aux femmes oisives, aux parvenus qui s'ennuient. Ne prenons pour hochets ni des aigles ni des lis ; ne jouons pas, soyons sérieux, car les circonstances sont graves. Egalité des prétendans à l'heure de l'exil, égalité à l'heure du retour, voilà ce que nous impose l'équité, aussi bien que la raison et la politique.

IMPRIMERIE ÉDOUARD PROUX ET Cᵉ, RUE NEUVE-DES-BONS-ENFANS, 3.

LETTRES RÉPUBLICAINES.

V.

LES QUATRE FATALES JOURNÉES.

—

A M. Adam Mickiewicz.

23 Juin 1848.

Il est des instans, par bonheur très rapides, car je n'en pourrais longtemps supporter l'inexprimable angoisse ; il est des minutes terribles où mes yeux, obscurcis par le doute, aperçoivent confusément, comme à travers un voile de deuil, un avenir fatal. Je vois alors le monde européen se débattre dans une convulsive agonie ; il me semble lire, en caractères sanglans, au front de notre génération condamnée, le sombre arrêt d'un inflexible destin.

Le travail volcanique qui ébranle le sol sous nos pieds, ces flots d'épouvante qui jaillissent de profondeurs inconnues, la guerre des races, l'incendie des cités, la dispersion des familles, le cri de vengeance des peuples opprimés, la détresse et la faim qui se dressent dans leur linceul, la muette apparition, aux extrémités de l'Orient, d'une barbarie nouvelle qui s'avance, la stérilité des arts, la pâleur du génie, les dieux indifférens à notre culte dérisoire, toutes ces images lugubres se pressent dans mon cerveau glacé d'effroi... Dans le silence de mon âme consternée, je crois ouïr un bruissement sinistre... Ange exterminateur, est-ce toi qui passe au dessus de nos têtes ?...

O mon ami vénéré, vous qui possédez la foi des temps primitifs, grand esprit, cœur pur, poète sublime, qui élevez vers le ciel la prière de toute une nation, et qui chantez, sur un mode immortel, des hymnes héroïques, dites-moi, dites-moi, je vous en conjure, qu'il ne faut point désespérer...

La plume me tombe des mains. Le rappel bat, on court aux armes, des décharges retentissent ; on dit que des barricades s'élèvent de toutes parts. La vague appréhension d'une calamité épouvantable plane dans l'air ; une poignante anxiété serre tous les cœurs...

28 juin.

Tout est fini. L'insurrection est tombée dans des flots de sang. Paris, menacé pendant soixante et douze heures, respire, mais consterné, morne, baignant de larmes amères ses plaies ensanglantées. O ma patrie, ma chère patrie, combien de tes nobles enfans ont péri dans cette lutte fratricide ! Que de pertes irréparables ! Que de jeunes dévouemens frappés de mort ! Que d'espérances brisées dans leur fleur ! Que de mémoires ensevelies dans l'oubli, qui devaient conquérir un jour l'immortalité ! Quel tribut opulent aux divinités infernales ! O ma patrie, ma désolée patrie, quel deuil tu vas mener ! Par quelle immense expiation, par quelles hécatombes tu rachètes les égaremens de tes enfans rebelles ! Tes entrailles déchirées par eux s'émeuvent d'une compassion infinie. Tu ne te souviens plus à l'heure des funérailles, que de leur malheur... Mère éternellement tendre, après avoir frappé les coupables, au lendemain des rigueurs nécessaires et légitimes, tu presseras sur ton sein leurs fils innocens. Tu étoufferas dans tes embrassemens sacrés le ferment des discordes ; tu tariras par de nouveaux bienfaits, par l'ardeur ravivée de ton amour, la source empoisonnée des haines et des ressentimens ! O ma vaillante et douce patrie, ô mon pays sauvé, combien nous allons redoubler pour toi de respect et d'amour !

Je ne tenterai point un récit impossible et navrant. Rien ne saurait donner l'idée des proportions gigantesques et du caractère sinistre de la lutte à peine terminée. Les chefs des révoltés, restés dans l'ombre, dirigeaient d'une main ferme et sûre des mouvemens combinés avec une habileté consommée. Jamais, à aucune époque, dans aucune de ses insurrections les plus formidables, Paris n'avait vu un tel ensemble de dispositions, un tel concert de volontés. Jamais l'anarchie ne s'était montrée si ordonnée. Pas un cri, pas une tentative imprudente, qui pût trahir le dessein secret. Tout était contenu, réfléchi, persévérant. L'assurance du succès retenait les plus exaltés et redoublait le courage par la discipline.

Sur les barricades élevées avec autant de célérité que de science, reliées entre elles par un système stratégique digne d'admiration s'il n'eût servi une telle violation des lois, des femmes et des enfans debout, agitant des drapeaux, bravaient la mort et excitaient de leurs cris la rébellion. Les maisons qu'occupaient les insurgés vomissaient, par des ouvertures inaccessibles au feu du dehors, des balles qui frappaient à coup sûr et venaient atteindre au cœur les chefs des assaillans. Des mains invisibles lançaient des pavés, des projectiles de toutes sortes... sur qui, hélas? Sur des concitoyens, sur des frères, sur ces enfans de la révolution de Février avec lesquels on avait combattu à d'autres barricades, sur des hommes qui mouraient au cri de : « Vive la République ! »

Qui donc a dénaturé ainsi le génie français ? Comment s'est pervertie si vite toute une fraction de cette population généreuse, à ce point qu'elle se rue sur ses frères avec acharnement? Grâce au ciel, on ne l'ignore point. Si le germe de la révolte fermentait au sein d'une misère profonde, long-temps silencieuse, et que rendaient plus insupportable les espérances exaltées et trompées brusquement par d'insensés utopistes, des hommes de parti et des ambitieux déçus ont organisé en un complot infernal ce vague sentiment de souffrance et de colère. Si l'énergie instinctive du combat appartient aux prolétaires désespérés, la traîtrise et la perfidie savante viennent d'ailleurs. L'argent de l'étranger a fourni les moyens d'exécution de ces trames démoniaques; et c'est là surtout le crime irrémissible des chefs secrets. Pour satisfaire leurs passions égoïstes, ils ont pactisé avec les ennemis de la République ; ils ont failli la perdre, la noyer dans le sang. Que ce sang retombe sur eux !

La République sortira plus forte et plus grande de cette épreuve. Elle aura montré au monde combien elle est vivace dans nos cœurs.

Deux rois puissans, deux dynasties, ont succombé sous des attaques que l'histoire jugera bien faibles et bien mal concertées auprès du formidable assaut livré, durant ces jours néfastes, à notre société républicaine. Et la voici, non pas triomphante, hélas! car elle se voile de deuil et s'agenouille en pleurs sur des tombes fraîchement creusées, mais confiante dans sa propre vertu, dans son principe impérissable !

L'homme croit à la fatalité quand il agit mal; à la liberté quand il agit bien. Les paroles sceptiques qui commencent cette lettre étaient inspirées par le sentiment amer des fautes énormes que nous commettons chaque jour et dont le châtiment ne s'est point fait attendre. Mon espérance, aujourd'hui, ma foi ranimée se fondent sur l'héroïsme du combat, sur la clémence de la victoire, sur l'union de tous les citoyens, cimentée par le commun péril. Je vous en adresse l'expression bien imparfaite, sûr qu'elle trouvera votre pensée fixée sur nous, sur cette France que vous chérissez comme une seconde patrie.

O mon ami, puisse la vôtre, un jour, bientôt, vous être rendue ! Puissent les efforts conjurés de tous les peuples libres briser enfin les fers de ceux qui gémissent en captivité! Attendons tout de notre courage ; espérons dans la vertu de ce sang qui coule pour la cause sacrée. Vous l'avez dit, *ce n'est pas peu de chose que de voir comment l'on meurt.* Nous grandissons dans ces épreuves cruelles. N'en doutons pas, la Pologne , comme la France, saura vivre parce qu'elle sait mourir.

VI.

LES TROIS SOCIALISMES.

—

A l'Assemblée nationale.

8 Juillet 1848.

La formidable insurrection qui vient d'être réprimée laisse dans tous les cœurs une tristesse mêlée d'anxiété. Est-ce la fin, est-ce le commencement de nos calamités civiles? Est-ce le dernier acte d'une révolution politique? Est-ce le prologue tragique d'une lutte sociale? Hélas! il n'est que trop facile de répondre. Derrière les barricades croulantes, sur des monceaux de morts et de mourans, les pieds baignés dans le sang humain, n'avons-nous pas vu se dresser le sphinx redoutable que l'on ne peut tuer? L'énigme n'est point devinée; la menace reste suspendue sur nos têtes. Tout, pour notre génération pressée par les colères divines, demeure incertitude, appréhension, effroi.

Représentans du peuple, quelle erreur serait la vôtre, si

l'ordre matériel rétabli vous faisait croire un seul instant l'harmonie morale fondée ! Sans doute, la discipline admirable de notre brave armée, la vigilance de la garde nationale, le prodigieux courage des enfans de la garde mobile, l'empressement fraternel des populations armées de la province à voler au secours de Paris, vous assurent désormais un concours efficace si vous deviez avoir encore à réprimer l'émeute. Mais réprimer n'est pas gouverner ; vous le pensiez du moins, sous la d nastie. Gouverner, ce n'est pas non plus éluder les difficultés du moment par des expédiens dilatoires, composer, à force d'intrigues, des ministères de compromis, flatter tour à tour les partis, les tenir en échec les uns par les autres ; tout cela n'est qu'habileté subalterne, négative, indigne de vous, indigne de la nation qui vous a élus. Le gouvernement d'un peuple suppose, chez ceux qui se chargent de le conduire, la connaissance parfaite du génie qui lui est propre. Il implique, en outre, la conscience très nette de l'œuvre civilisatrice imposée, par la Providence, à la génération présente ; autrement dit, le discernement des forces vives existantes dans la nation et la claire vue du but vers lequel il importe de les faire converger.

Ne laisser ni s'user, ni s'alanguir aucune de ces forces; écarter d'une main ferme les obstacles qui les entravent ; rassembler, relier entre elles celles qui s'agitent éparses et inutiles ; susciter celles qui s'ignorent, ramener celles qui dévient ou s'égarent ; obtenir enfin que dans l'Etat, comme dans la nature, tout conspire à une fin commune, tout concoure à une grande et belle harmonie, c'est le devoir d'un bon gouvernement. C'est aussi, je n'en fais nul doute, votre vœu le plus cher ; mais jamais, peut-être, l'accomplissement de ce devoir et l'exaucement de ce vœu n'ont paru plus difficiles et plus éloignés.

Nous sommes arrivés à une de ces époques critiques, révolutionnaires, où les forces de dissolution sont plus actives et plus apparentes que les forces de recomposition. Justement affligés, alarmés des maux sans nombre que cause le

renversement de l'ordre ancien, la plupart des hommes politiques de nos jours pensent que ces forces exaspérées,
dont nous voyons les effets désastreux, sont incapables d'organisation, et qu'il y aurat démence à tenter de les faire
coopérer à un ordre quelconque. Selon ces hommes, des
mieux intentionnés, je le veux croire, mais des plus aveugles, il faut à tout prix, pour sauver la société en péril, refouler, réprimer, anéantir s'il se peut, l'activité désorganisatrice d'une énergie funeste.

On a comparé quelquefois l'état actuel de la société à ce
moment de l'histoire où l'empire romain, aux prises avec les
barbares, luttait, se débattait, se transformait enfin, mais
avec des souffrances inouïes, sous l'influence de l'idée chrétienne. Toute analogie est superficielle ; cependant, aujour-
d'hui aussi, trois élémens, trois principes hostiles se disputent le
monde. La société constituée, fière encore de ses mœurs élé-
gantes et délicates, souriant dédaigneusement et se parant
comme une belle femme, épuisée par le plaisir, qui voudrait
tromper la mort, nous représente assez bien cette Rome
altière dont la vie chancelante s'exhalait en vains mépris, en
impuissantes invectives, contre les barbares à ses portes,
contre les chrétiens dans ses catacombes.

L'élément chrétien et l'élément barbare, c'est à dire l'aspiration idéale, pacifique, et l'énergie brutale, effrénée, exis-
tent simultanément aujourd'hui dans ces masses populaires,
tour à tour calomniées ou exaltées suivant que l'on considère exclusivement l'une ou l'autre des forces qui les tour-
mentent. Si l'élément chrétien triomphe, la France est sauvée. Si l'élément barbare l'emporte, l'Europe entière en-
trera dans une période de calamités dont nul ne peut prévoir ni l'étendue, ni la durée.

Représentans du Peuple, fondateurs de la République,
législateurs de la première entre les nations, c'est à vous
que la France a commis le soin de résoudre ce terrible pro-
blème. Investis de la plus haute mission qui fut jamais donnée à des hommes, l'avenir de la patrie et du monde peut-

être est en vos mains. La plus belle des civilisations ou la
barbarie la plus épouvantable sortiront des institutions que
vous allez fonder. « Ulysse, sage Ulysse, prends garde à toi ;
les outres que tu fermais avec tant de soin sont ouvertes ; les
vents sont déjà déchaînés. »

Les conditions dans lesquelles le Peuple a vécu jusqu'ici,
il ne les veut plus accepter. C'est un crime irrémissible suivant les uns ; c'est un malheur suivant les autres ; c'est un
droit et un devoir aux yeux de plusieurs. Parlons en esprits
pratiques, en fatalistes, si vous voulez, et disons : C'est *un
fait* dont il est facile de s'entr'accuser, mais que personne
n'a plus la puissance de changer aujourd'hui. Depuis quelque
temps, il est reçu de rejeter sur le socialisme le blâme et même
l'odieux des luttes déplorables dont le mécontentement des
classes laborieuses a été la cause, l'occasion et le prétexte.
C'est à peine si, dans ces jours néfastes où l'irritation est
portée au comble, on ose prononcer un mot qui semble sy-
nonyme d'anarchie et de guerre civile. Cependant, Représentans du Peuple, je viens risquer d'encourir votre disgrâ-
ce, non seulement en prononçant devant vous ce mot si mal
famé, mais encore en vous demandant, avec beaucoup d'ins-
tance, de tâcher de vous bien rendre compte de sa significa-
tion exacte.

Est-ce vous faire injure de supposer que beaucoup d'entre vous l'ignorent, et confondent dans une même condam-
nation des doctrines bien diverses, des hommes bien dis-
semblables ? La singulière méprise que vient de commettre
votre dernier et infiniment honorable président, en donnant
à une formule scientifique une acception vulgaire, n'auto-
rise-t-elle pas à croire que la lecture des livres socialistes
vous est, en général, peu familière ? Vous semblez poser en
fait que le socialisme a créé un état de choses qu'il a simplement constaté. La différence est notable, surtout si nous
ajoutons que le socialisme a cherché avant vous, et peut-
être avec plus d'ardeur encore que vous, le remède.

Je viens de dire que l'on confondait sous la dénomination

de socialisme des idées très différentes. Je crois qu'on les peut diviser en trois catégories principales. Il y a, suivant moi, trois sortes de socialismes : le socialisme des utopistes; le socialisme des sectaires; le socialisme des hommes d'Etat. Tous trois, il est vrai, ont un même point de départ et reposent sur la même base. Je définirais cette base : le droit de tous à la vie matérielle et morale, reconnu par la société et consacré dans les lois. Mais, à partir de ce principe identique, trois tendances divergentes s'accusent et conduisent à trois termes infiniment éloignés. J'oserai vous prier de vouloir bien jeter avec moi un coup d'œil rapide sur ces tendances. Je n'abuserai point d'un temps précieux et ne dirai que l'indispensable.

Le socialisme utopiste n'a point fait, comme on pourrait l'induire de l'étonnement de certains esprits, sa première apparition au dix-neuvième siècle. De tout temps, l'idéal d'une société fondée sur la parfaite union des hommes et procurant le bonheur universel a visité l'imagination de ces êtres excellemment sensibles, qui gémissent des maux de l'humanité et ne sauraient concilier, avec la notion d'un Dieu souverainement bon, la condition misérable de sa créature. Aimant mieux s'en prendre à l'impéritie des législateurs qu'à la nature même de l'homme, ces rêveurs moralistes ont toujours accusé l'iniquité des institutions contemporaines, et lui ont opposé le tableau d'une société à venir où la vertu et le bonheur, tour à tour cause et effet, feraient de la terre un paradis délicieux. Platon dans sa *République*, Campanella dans sa *Cité du soleil*, Thomas Morus dans son *Utopie*, Harrington, Towers, Morelly, Jean Bodin, Fénelon même ont, jusqu'à un certain point, systématisé ces rêves dans des œuvres que l'opinion n'a jamais flétries, loin de là. Elle y a vu la généreuse illusion d'âmes étrangères au mal, qui n'en pouvaient comprendre la fatale perpétuité. Dans notre temps éminemment pratique, les utopistes ne se sont plus contentés d'écrire, ils ont voulu réaliser leur idéal. Owen à New-Harmony, les saint-simoniens à Ménilmontant, M. Pierre Leroux à Boussac, ont tenté, avec plus ou moins de persévérance et de succès, de rendre sensibles les félicités théoriques que raillait le scepticisme du siècle. Au moment où j'écris, une fraction de la famille icarienne traverse l'Atlantique et va fonder, dans les solitudes du Texas, cette naïve Icarie à laquelle M. Cabet dicte des lois si aimables et prêche des mœurs si douces. Je ne saurais comprendre, je l'avoue, que la société s'effarouche de ces utopies inoffensives. Non seulement la République, mais aucun gouvernement, quel qu'il soit, n'a lieu de redouter des missionnaires de paix aux yeux desquels la forme politique est d'une importance très secondaire, qui ont horreur de l'effusion du sang et qu'on n'a jamais aperçu, que je sache, ni d'un côté ni de l'autre des barricades.

Quant au socialisme sectaire, il s'en faut qu'il s'inspire d'un tel esprit d'amour. Dans leurs assemblées, dans leurs clubs qu'ils appellent leurs églises, des hommes fanatiques, empruntant au mysticisme chrétien ses formules et ses symboles, prêchent, au nom de la sainte trinité sociale, au *Peuple-Christ*, couronné d'épines et flagellé par les pharisiens, le renversement de l'ordre établi. Ils excitent à la haine, à la vengeance ; ils versent un fiel amer dans le cœur aimant du pauvre ; ils flattent les appétits désordonnés, éveillent les mauvais instincts qui dorment, hélas ! d'un sommeil bien léger, au fond des âmes les meilleures. Ils lancent à la propriété la menace et l'anathème, l'accusant seule de tous les maux qui pèsent sur l'humanité. Ce sont des esprits ardens et aveugles, des croyans farouches, attardés dans une ère d'examen et de tolérance, qui, en d'autres temps, eussent conseillé la Saint-Barthélemy, allumé les flammes de l'inquisition. Rien de plus opposé aux utopistes pacifiques ; et l'on commet une injustice sans égale en assimilant ceux-ci à des hommes qui leur sont antipathiques, en confondant l'abus de la théorie avec l'excès de l'ignorance, le rêve perdu dans les nuages avec la convoitise brutale des biens matériels.

En dehors de l'utopie et de la secte, quelques hommes isolés cherchent dans la solution des problèmes économiques une meilleure organisation de la société.

Parmi ceux-là, M. Louis Blanc a trouvé un instant crédit dans l'esprit des travailleurs éblouis par un certain éclat de rhétorique et par une verve peu commune. Le système de M. Louis Blanc est fort simple au premier abord. Il s'agit, sans plus, de supprimer la liberté individuelle avec l'industrie privée et de remettre aux mains de l'État l'industrie collective, organisée en ateliers nationaux administrés par une assemblée délibérante selon le principe de l'égalité des salaires. La transformation de la propriété individuelle en propriété collective est une conséquence nécessaire de ce système.

En vain une expérience tentée dans les circonstances les plus favorables est-elle venue donner un démenti flagrant aux promesses et aux assertions de M. Louis Blanc. En vain de savantes critiques ont-elles défait pièce à pièce son échafaudage de paradoxes. M. Louis Blanc répond à ses adversaires que l'*individualisme* ne saurait comprendre la fraternité et que le dévoûment opère des miracles; comme si le dévoûment, cette magnificence de l'âme, pouvait jamais devenir l'état permanent d'un peuple et se commander de par la loi! Mais l'auteur de l'*Organisation du travail* ne s'embarrasse point pour si peu. Il ne s'inquiète guère ni de ses contradicteurs, ni de ses contradictions. Cet éclectique du communisme professe, avec les éclectiques de la *doctrine*, une confiance inébranlable en ses lumières propres, fortifiée d'un dédain superbe pour celles d'autrui. « Placé sur les confins du socialisme et de la démocratie, a dit de lui un écrivain qui combat pour la même cause, un degré plus bas que la République, deux degrés au-dessous de M. Barrot, trois au dessous de M. Thiers, M. Louis Blanc est encore lui-même, quoi qu'il dise et quoi qu'il fasse, un descendant à la quatrième génération de M. Guizot, un doctrinaire (1). »

Impitoyable dans sa critique des systèmes communistes, M. Proudhon croit avoir trouvé la solution des difficultés qui nous occupent dans l'organisation du crédit et de l'échange. Il faudrait, pour exposer son système, plus d'espace que je n'en ai ici, plus de temps que vous ne voudriez m'en accorder. Disons seulement que le système de M. Proudhon repose sur des bases scientifiques, et nullement, comme une formule imprudente l'a pu faire croire, sur une négation aveugle et passionnée de la propriété. Conséquemment il y aurait sottise à prétendre le réfuter en quelques paroles et sans descendre, ainsi qu'il l'a fait lui-même, jusqu'aux fondemens de l'ordre social.

Reste à examiner le socialisme des hommes d'État, celui qui sera, qui est déjà le vôtre, j'en suis certain. quoique vous n'en ayez pas conscience encore peut-être. Celui-là n'est ni une secte, ni une utopie, ni même un système. C'est une conviction réfléchie, née de l'étude, appuyée sur l'histoire ; c'est une vue politique qui constate dans les progrès de la civilisation une protestation de plus en plus énergique et victorieuse de la liberté contre la nécessité, de cette affirmation que les hommes appellent providence, contre cette négation qu'ils appellent fatalité.

Les socialistes que je désigne ici n'espèrent point l'entière extinction du mal ; mais ils pensent qu'il doit devenir l'exception et non la règle de nos destinées sociales. Considérant l'effort soutenu par lequel en France, par exemple. la classe bourgeoise a su se racheter de la fatalité qui l'enchaînait et conquérir une à une toutes les libertés, ils affirment que l'invincible logique des choses entraîne avec elle l'affranchissement du Peuple, qui vit encore assujetti à des conditions

(1) Proudhon, *Système des contradictions économiques.*

matérielles d'existence incompatibles avec la liberté véritable.

Ils sont convaincus que les droits politiques accordés à tous les citoyens par l'institution républicaine ne sont point le but définitif de la Révolution de Février, mais le moyen par lequel la Démocratie arrivera à conjurer pacifiquement le plus implacable des despotismes, le despotisme de la misère. Le socialisme des hommes d'État ne voit point dans la propriété un obstacle à ce progrès, tout au contraire. Il puise dans l'histoire, dans la philosophie, dans la science, la certitude que la propriété est une forme essentielle de la personnalité, et conséquemment, à mesure qu'un plus grand nombre y participe, qu'elle marque un développement ascendant de la civilisation. Mais il la croit très menacée par l'impatience toujours croissante de ceux qui ne possèdent pas, et, pour la sauver, il voudrait la rendre de plus en plus accessible.

Pour atteindre ce but, les socialistes sérieux cherchent les moyens d'organiser le crédit de telle sorte que le travail et la production soient exonérés des charges qui les rendent stériles et dérisoires pour le travailleur, afin que celui-ci puisse à son tour se reposer, posséder, jouir des fruits de son labeur et de son industrie. L'homme pauvre travaille aujourd'hui avec la certitude presque absolue du contraire. Il sait qu'à moins de circonstances extraordinairement favorables, il n'arrivera jamais au bien-être, au loisir. Le socialisme des hommes d'État est persuadé que la société peut changer ces conditions accablantes de la vie du prolétaire.

Sans partager les illusions des utopistes, illusions d'un orgueil sans bornes, il écoute leurs plus creuses divagations, comme vous l'avez su faire tout récemment, avec une patience bienveillante afin de recueillir la moindre parcelle de vérité où elle se rencontre.

Sans emprunter le jargon mystique des sectaires, tout en frappant de réprobation leurs haines et leurs menaces, il épie jusqu'à leurs plus folles extravagances, pensant, avec le poète, que ce sont là « *les bacchanales furieuses du vin mystérieux de la vérité.* »

Wild bacchanal of truth's mysterious wine (1).

Il n'abuse point le Peuple par de vaines promesses ; il ne promet rien au delà de ses forces, car il ne promet que de chercher. Mais il cherche avec conscience, avec foi. Il ne perd pas un instant de vue le but sacré. Représentans du Peuple, j'affirme que ce socialisme est le vôtre, et que l'on vous calomnie à votre tour quand on dit au Peuple que vous n'en voulez rien connaître et que vous repoussez, avec un dédain systématique, le socialisme quel qu'il soit, dans toutes ses expressions, sous toutes ses formes.

(1) Shelley.

IMPRIMERIE ÉDOUARD PROUX ET Cᵉ, RUE NEUVE-DES-BONS-ENFANS, 3.

LETTRES RÉPUBLICAINES.

VII.

M. DE LAMARTINE. — M. THIERS.

—

A M. Louis de Ronchaud

17 juillet 1848.

Si je ne craignais d'offusquer votre esprit par une compa-
raison triviale appliquée à des évènemens immenses, je vous
dirais, mon ami, que le drame révolutionnaire auquel nous
assistons ressemble fort à ce que les gens du métier appellent une pièce *à tiroirs*.

Dans ces pièces mal construites, les personnages du premier acte ne reparaissent point au second ; ceux du second
sont à peine entrevus au troisième ; le quatrième acte ne tient
nul compte des trois premiers ; le cinquième amène le dénouement le plus inattendu et le plus déraisonnable.

Sans entrer avec vous dans le récit des péripéties que
vous connaissez aussi bien que moi, sans rappeler cette succession rapide de fantômes évanouis dans le vide de l'action,

d'acteurs rentrés dans la coulisse après avoir balbutié quelques paroles inutiles, je veux essayer d'examiner avec vous la marche singulière de cette tragi-comédie si tristement absurde qui se joue sous nos yeux ; pour cela, il n'est besoin que de rapprocher deux noms très significatifs, de comparer deux hommes diversement célèbres, dont l'un nous apparaît à la première heure de la révolution de Février comme pour en faire l'exposition idéale, et dont l'autre se montre, dans un avenir assez proche, tout prêt à en précipiter le dénouement vulgaire ; dont l'un, en un mot, fut l'espérance, tandis que l'autre sera, je le crains, la déception de la république.

Contraste sensible aux yeux les moins exercés, antithèse frappante, M. de Lamartine et M. Thiers résument, selon moi, en traits caractéristiques, les deux tendances principales de l'époque actuelle ; ils personnifient, en quelque sorte, les deux courans d'idées qui emportent, en sens contraire, l'opinion publique. En France, aujourd'hui, le plus grand nombre est, à son insu même, novateur avec Lamartine, ou conservateur avec M. Thiers. Les esprits plus téméraires ou plus routiniers, plus utopistes ou plus rétrogrades, ne sont que des accidens, des écarts de l'opinion en deçà ou au-delà des régions politiques. Ce sont des exceptions curieuses, mais dont on ne saurait tirer de conclusion générale. Si nous voulons véritablement connaître les deux ordres d'idées acceptés par la conscience publique, il faut nous tenir aux deux hommes que je viens de nommer : ils en sont les organes les plus éloquens et les plus fidèles.

La différence de nature, chez ces deux hommes, est tellement prononcée, qu'elle s'accuse en eux de la manière la plus évidente, dès le premier abord, dans les traits, dans la taille, dans l'attitude, dans la démarche, dans le son de voix, dans le geste, dans tout l'extérieur enfin ; extérieur qui, chez l'un comme chez l'autre, est, du reste, en parfait accord avec l'idée et le sentiment qu'il représente.

La taille haute et élancée, le profil sévère, les traits réguliers de Lamartine, la dignité de son port commandent le respect et disposent à l'admiration. Il y a de l'autorité dans le large développement de son front ; le courage respire dans les narines dilatées de son nez aquilin. Son œil brun, enfoncé dans un immense orbite, la pâleur de ses joues amaigries, sa bouche fortement abaissée aux extrémités et les plis qui s'y sont amassés en grand nombre trahissent, sous la sérénité reconquise, la muette présence des profondes douleurs. On dirait qu'un rhythme intérieur, grave et doux, cadence sa voix, sa démarche, son geste. Tout en lui décèle une pratique constante des choses nobles ; on sent là comme une native familiarité avec la grandeur.

Rien d'analogue chez M. Thiers. Son corps épais et court se dandine sans grâce sur des jambes arquées. Il y a de la volonté, mais point d'autorité, dans les lignes carrées de son visage. Son regard pénétrant se dérobe habituellement sous des besicles ; sa voix est glapissante, son geste fréquent et familier. Et pourtant cet ensemble vulgaire fait une impression qui ne l'est point du tout ; loin de là. Les lignes fines d'une bouche qu'effleure, au moindre propos, le sourire d'une malicieuse bonhomie, un front ouvert, la mobilité expressive d'une physionomie bienveillante, toute une allure dépourvue de dignité, mais bien à l'aise et qui veut vous y mettre, exercent un charme d'une nature particulière, dans lequel il n'entre ni admiration ni respect. De là peut être la sympathie très vive que M. Thiers inspire à la médiocrité. Elle n'éprouve à son approche aucune gêne, parce qu'elle le sent étranger, comme elle l'est elle-même, à la grandeur, et ne reconnaît en lui que l'assemblage le plus rare et le plus heureux, l'activité, la fécondité, l'excellence et l'éclat de qualités secondaires.

Entre le talent de M. Thiers et celui de Lamartine, mêmes oppositions, mêmes antipathies. Tous deux improvisateurs abondans, ils agissent sur leur auditoire par des moyens très différens. M. Thiers porte à la tribune l'aisance et le ton négligé de la conversation. Son débit est animé, sa phrase limpide, sa verve naturelle et soutenue. Il ne cherche point l'effet, il veut être compris, compris parfaitement des intelligences les plus lentes et les plus obtuses. Pour cela, il ne s'élève point au-dessus des régions moyennes ; il se répète sans scrupule et plus qu'il ne conviendrait à la beauté de l'art. Rien ne semble plus aisé, en l'écoutant, que de parler

comme il le fait. Point de déclamation, point de rhétorique.
Nul travail, nul artifice, je dirais presque nul soin, n'apparaissent dans ces longs discours où tout est enchaîné, combiné, avec une habileté prodigieuse. Nulle image brillante ne vous éblouit, aucune parole pathétique ne vous émeut, aucune saillie ne vous frappe ; et pourtant, vous demeurez atteint, votre conviction chancelle sous l'effort inaperçu d'une argumentation pressante. Votre cœur et votre raison protestent peut-être, mais votre langue s'embarrasse ; vous désespérez d'atteindre à la souplesse, à la clarté, à la persuasion de cet esprit infatigable ; il vous semble tout à la fois facile de le prendre en défaut, impossible de le réfuter ; vous vous taisez, son opinion prévaut, il emporte le vote.

Lamartine n'a jamais, que je sache, emporté le vote d'une assemblée ; mais il a dominé, il a *charmé*, et je donne à ce mot son sens le plus étendu, pendant des journées entières, des multitudes enivrées du combat. Au lendemain d'une révolution qui remuait les profondeurs de la société, il a désarmé les colères victorieuses du peuple. En un jour unique dans les annales du monde, il a conquis, à la plus difficile, à la plus glorieuse épreuve du suffrage universel, quinze cent mille voix qui jamais, il n'est pas téméraire de le prédire, ne se rencontreront plus dans une même pensée. L'éloquence de Lamartine est surtout magnétique ; elle s'adresse à l'âme, elle l'enveloppe, pour ainsi parler, de chaleur et de lumière. Son improvisation riche et colorée, la mélopée sonore de sa diction qu'accompagnent un geste et un air de tête pleins de noblesse, l'enroulement solennel de ses périodes qui retentissent, dans leur majestueuse monotonie, comme les vagues sur la falaise, font de lui un orateur aux proportions grandioses.

Rarement il se passionne, jamais il ne descend au ton familier. Jamais, ni la vivacité, ni l'imprévu de la discussion, ni le droit de représailles, ne lui ont arraché une personnalité, une parole amère ou seulement incisive. Sa pensée habite les régions sereines ; la nature de son esprit est étrangère à l'ironie ; on pourrait même croire que le sens critique lui manque, tant il se voile chez lui sous des formes généreuses.

Doué d'une clairvoyance de cœur qui tient de l'intuition plus que de l'observation ou du jugement, tous les mots qui, depuis plusieurs années, ont caractérisé la situation du pays et prophétisé l'avenir, c'est Lamartine qui les a prononcés. *La France s'ennuie*, disait-il en 1839; dans votre système, il n'est besoin d'un homme d'Etat, *il suffirait d'une borne*, s'écriait-il en 1842; en 1847, il annonçait la *révolution du mépris*. C'est là surtout ce qui fait sa puissance; c'est ce beau don d'un génie sybillin qui supplée chez lui à l'ordre rigoureux, à l'enchaînement précis, à la stricte logique dont quelquefois il s'écarte, emporté par le lyrisme d'une imagination enthousiaste.

Comme historien et comme politique, M. de Lamartine est accusé d'inconséquences et de contradictions qui, chez M. Thiers, n'ont point été aussi sévèrement relevées. Il ne me paraît qu'à cet égard on ait fait preuve d'une parfaite justesse d'appréciation. S'il y a dans la pensée politique de Lamartine des variations que j'appellerai de surface, nous y trouverons du moins le caractère invariable du spiritualisme religieux, l'unité d'une aspiration puissante vers la liberté, d'un profond amour pour le peuple, d'une intelligence chaque jour plus lucide des destinées de la démocratie. Fils d'un siècle de doute, de lutte entre les sentimens et les idées, né dans les rangs de la noblesse, élevé dans la tradition catholique, Lamartine, comme Châteaubriand, comme Lamennais, comme tant d'autres moins illustres, a ressenti la secousse interne de ce tremblement d'âme qui semble l'épreuve du génie au dix-neuvième siècle. Cependant, moins lié au passé que Châteaubriand, moins fougueusement emporté vers l'avenir que Lamennais, il a suivi d'un pas plus tranquille le rayon voilé d'abord, mais de plus en plus éclairci, de sa mystérieuse étoile. « Vous êtes l'un de ces êtres de désir et de bonne volonté dont Dieu a besoin comme d'instrument pour les œuvres merveilleuses qu'il va bientôt accomplir dans le monde, » lui dit un jour une femme qui avait connu les secrets politiques du plus grand homme d'Etat de l'Occident et qui leur avait préféré les secrets divins de la nature orientale. Cette parole de lady Stanhope demeure comme un sceau apposé à la vie de Lamartine. On peut croire qu'elle ne fut pas sans effet sur lui. L'histoire nous montre fréquemment l'intervention du génie féminin dans la destinée des hommes illustres. La Providence, comme si elle craignait que l'homme ne s'effrayât de son propre orgueil, se plaît, lorsqu'elle les veut voir écoutés, à donner aux pressentimens de l'ambition la voix, le geste, le regard, l'accent, la grâce insinuante d'une femme.

Mais où me suis-je laissé emporter ? où vous ai-je conduit ? Au sommet du Liban, sous des ombrages embaumés, dans des kiosques tapissés de jasmins, sur des dalles de marbre où murmurent des eaux argentées, dans des jardins féeriques, mystérieuses délices d'une solitude inaccessible. Revenons à Paris. Tout élan de l'imagination est aujourd'hui hors de propos ; excusez-moi et rentrons dans les considérations politiques.

Je vous disais que les contradictions de Lamartine sont plus apparentes que réelles. Dès l'année 1830, il définissait lui-même sa politique en en marquant les points essentiels dont il ne s'est jamais départi. Le suffrage universel, la liberté de l'enseignement, la séparation de l'Eglise et de l'Etat, l'abolition de la peine de mort et de l'esclavage, tels sont les principes dont il a constamment poursuivi l'application, qu'il a eu le bonheur de voir accepter, en grande partie du moins, de son vivant, par la conscience publique, et qu'il a pu, en un jour suprême, proclamer à la face du monde, au nom de la souveraineté populaire. Je ne sais si, lorsque l'on considère cette droiture de vue et cette persistance de résolution, il y a beaucoup de sagacité à isoler, pour les rendre saillantes, quelques inconséquences dans le détail. Ne dirons-nous pas plutôt avec le moraliste : « Qu'importent les zigzags du vaisseau sur l'Océan, quand il part d'un point fixe pour arriver à un autre point fixe ? »

Il s'en faut que nous trouvions chez M. Thiers cette unité de direction morale. Enclin par nature à je ne sais quel fatalisme insouciant, n'ayant reçu dans sa jeunesse nulle tradition d'aucune sorte, façonné dans l'intimité de M. de Talleyrand à l'unique culte du succès, M. Thiers, historien et homme d'Etat, a masqué sous une certaine flamme d'imagination le plus invétéré scepticisme. Le vrai et le faux, le juste et l'injuste, se résument pour lui dans la notion de nécessité heureuse ou malheureuse. Toute force l'attire indifféremment, toute puissance lui semble également légitime. C'est pourquoi on l'a vu tour à tour, et de très bonne foi, montagnard avec Danton, conquérant avec Bonaparte, constitutionnel avec Louis-Philippe. Le voici catholique avec l'abbé Fayet.

Deux choses seulement ont été toujours et sont plus que jamais souverainement antipathiques à ce fils ingrat des révolutions : le peuple dont il est issu ; la liberté qui l'a fait célèbre et riche.

Chose bizarre ! Malgré une pratique presque incessante des affaires et une connaissance des hommes bien supérieure à celle de Lamartine, qui les voit à travers la magnanimité de son propre cœur, M. Thiers s'est montré, au dernier jour de la dynastie, aveugle, et l'on pourrait dire naïf, de manière à confondre l'idée qu'on s'était formée de son habileté. Il a cru fermement, et il a persuadé au plus défiant des princes, que son entrée au pouvoir trancherait d'un coup toutes les difficultés : que, lui ministre, il n'était plus besoin de canons, de sabres, ni de baïonnettes ; que, du moment où elle entendrait son nom, la révolte allait s'apaiser d'elle-même et comme par magie. A cet aveuglement inexplicable de l'homme pratique, opposons la conduite de celui qu'on traitait de rêveur, d'artiste, de poète. Le 24 Février, à la Chambre des députés, quand les radicaux eux-mêmes hésitent, inclinent vers une politique de compromis et parlent timidement de régence, Lamartine monte à la tribune, et là, en présence d'une femme touchante et noble, en présence d'un enfant plein d'innocence et de grâce, il rappelle les esprits irrésolus à la sévérité de la logique ; il ose dire que désormais en France, en dehors de la République, il n'est plus que combinaisons artificielles, vaines et éphémères.

Le moment n'est pas venu d'apprécier les actes de Lamartine à partir de ce jour où l'acclamation de la France lui remit, dans les circonstances les plus périlleuses, un pouvoir étrange par sa nature indéfinie, étrange surtout par son ac-

tion partagée et ses vagues limites. A peine quatre mois se
sont-ils écoulés, que l'enthousiasme sans égal qu'il inspirait
se glace tout d'un coup. Un brusque revirement, trop ordi-
naire dans nos révolutions, une soif d'ingratitude qui ne sait
point attendre, le rend presque seul responsable des maux
dont on gémit. La faveur populaire se retire, il tombe avec
nos espérances déçues ; il tombe, hélas ! avec la liberté.

Je n'accuse personne, je ne veux rien insinuer, rien dire
à demi, rien avancer sans preuves. « La vérité aime la douceur et la paix. » Elle ne se produit point dans les temps
d'irritation et de lutte. Sachons attendre.

Malgré la suppression si prompte et si douloureuse de nos
libertés, nous attendrions avec patience et sans crainte si le
pouvoir demeurait aux mains pures, loyales et républicaines
du chef que l'Assemblée vient de choisir. Mais, derrière le
pouvoir officiel, nous apercevons le pouvoir officieux ; au-
dessous du général Cavaignac, derrière le général Lamori-
cière, qui donc se dérobe avec si peu de soin que chacun le
devine et le nomme ? N'est-ce pas M. Thiers ?

Que de chemin en quatre mois et que le pays a reculé
vite ! L'élève de Talleyrand, l'émule de Guizot, le terroriste
constitutionnel, conseillant déjà, remplaçant bientôt peut-
être cette république libre et fraternelle qui s'inspirait, en
la personne de Lamartine, de la morale de Fénelon, de la
politique de Washington ! quelle dérision amère !

Serions-nous donc, en effet, comme l'affirment nos ennemis, indignes de la posséder, cette liberté que nous convoi-
tons d'une passion si ardente dès qu'elle nous fuit, que nous
négligeons, que nous outrageons dès qu'elle se donne ?

Le retour vers un passé si justement flétri dans notre mémoire nous est-il infligé comme un châtiment de nos erreurs
et de nos fautes ? L'esprit d'un parti prévaudra-t-il sur le
génie d'une nation, l'intrigue sur la magnanimité, l'habileté
sur la grandeur ? Mon ami, je me le demande parfois avec
anxiété, est-ce au mensonge, à l'ironie, qu'est réservé le
dernier mot des affaires humaines ?

VIII.

LE GÉNÉRAL CAVAIGNAC

ET LES PARTIS POLITIQUES.

—

A M. Émile Littré.

28 juillet.

Au lendemain de la révolution de Février, en des entretiens où votre haute raison opposait à mon enthousiasme des considérations d'une justesse que chaque jour confirme, nous échangions, Monsieur, des prévisions différentes, mais puisées à la source commune d'un profond amour pour la cause républicaine.

Souffrez que je cherche aujourd'hui, par la voie épistolaire un dédommagement à ces entretiens regrettés, et que, m'efforçant de ranimer mes certitudes affaiblies, je vous communique, en partie du moins, les réflexions que me suggère l'état présent de notre situation politique. Ma confiance, prête à renaître, me paraîtra mieux fondée, je me défierai moins de mes espérances, si un esprit tel que le vôtre les accueille et les partage.

Les évènemens de juin ont amené au pouvoir un homme dont personne ne révoque en doute ni les principes républicains, ni la capacité militaire, ni la moralité, et qui porte avec honneur un nom entouré de respect. Cet homme, sommé par la représentation nationale de rétablir la paix et l'ordre public ébranlés tout à coup jusqu'en leurs fondemens, a rempli sa mission imprévue avec une habileté courageuse, et, chose plus difficile encore peut-être, il a su exercer la dictature de telle manière qu'aucun soupçon d'ambition égoïste n'est venu ternir sa réputation sans tache.

Au sortir d'une lutte terrible, dans laquelle il n'a pu triompher qu'avec le concours d'une masse nombreuse, très disposée à rejeter sur l'esprit démocratique les malheurs de la guerre civile, on l'a vu résister au courant de l'opinion victorieuse et composer avec prudence un ministère qui a semblé, dans le péril commun, offrir aux républicains inquiets des garanties acceptables.

Jusqu'ici, les plaintes et les critiques dont le nouveau gouvernement est l'objet, faisant une large part aux circonstances, n'attaquent ni les intentions, ni même les talens politiques du général Cavaignac. C'est là un phénomène assez singulier dans nos annales révolutionnaires, et sur lequel il n'est pas déraisonnable de fonder quelque espoir, dans la mesure du moins où l'effrayante et rapide désorganisation de la société européenne peut le permettre.

A l'exaspération des esprits, aux terreurs immodérées, à l'entraînement aveugle des réactions, succède insensiblement une sorte d'apaisement public au sein duquel j'entrevois plusieurs élémens de conciliation qui, favorisés dans leur rapprochement, constitueraient autour du pouvoir une force assez imposante pour qu'il pût marcher librement et travailler, sans trop d'entraves, à l'organisation de nos libertés. Si le chef de l'Etat sait mettre à profit le moment propice, il peut opérer une fusion entre diverses fractions de l'Assemblée, entre des groupes épars plutôt qu'hostiles, séparés par des dissentimens passagers plutôt que par des dissidences radicales. Il peut composer une majorité intelligente, novatrice, qui serait tout à la fois sympathique aux classes ouvrières et non suspecte cependant à cette partie de la nation qui, n'ayant plus qu'à jouir des fruits de son travail, se préoccupe avant tout de l'ordre, de la propriété, des droits acquis, des hiérarchies légitimes.

Une telle entreprise rencontrera, je ne l'ignore point, des difficultés de plus d'une sorte. Une des principales tient, sans contredit, à la variabilité extrême de l'opinion qui confère le pouvoir. Pour que le chef de l'État puisse attirer et retenir à soi les hommes éminens des partis, il faut, non seulement qu'ils le voient appuyé sur le sentiment général, mais encore qu'ils comptent sur une certaine durée de ce sentiment. Or, depuis quatre mois, nous avons vu des alternatives de l'opinion si brusques et si fréquentes que toute confiance dans la stabilité des rapports est à peu près évanouie. Il s'agit, avant tout, de faire renaître cette confiance. Le général Cavaignac y parviendra-t-il? On n'oserait l'affirmer. Cependant il paraît, à cet égard, dans des conditions meilleures que ses devanciers. Il ne semble pas impossible qu'il ne fixe, pour quelque temps, cette faveur de l'esprit public dont il jouit aujourd'hui, cette popularité sérieuse qui tient moins de l'admiration que de l'estime, et qui, par cela même qu'elle ne se montre pas enthousiaste, demeurera sans doute plus fidèle.

Républicain éprouvé, mais sans emportement, le général Cavaignac, si son nom n'éveille aucun souvenir fâcheux dans les imaginations que hantent les fantômes de 93, n'inspire non plus aucun ombrage à ces amans jaloux de la République aux yeux de qui tout est déguisement, complot, trahison. La simplicité sévère de sa vie privée, une présence honorée au foyer domestique, rassurent les âmes inquiètes qui croient la famille menacée et les mœurs en péril. Les éventualités d'une guerre prochaine contribuent, d'ailleurs, à rendre un chef militaire plus agréable encore à cette Gaule belliqueuse sur laquelle une épée nue a toujours exercé une fascination irrésistible.

Le beau visage du général Cavaignac, la douceur et la mélancolie de sa physionomie méditative, son regard sincère, la grâce sérieuse de son attitude, la parfaite convenance de son langage ferme et réservé, tout un ensemble de formes

devenues trop rares aujourd'hui, le rendent très propre à
représenter un peuple qui hait les allures de parvenu, raille
sans pitié tout ce qui blesse le goût, et veut toujours pouvoir respecter les chefs qu'il se donne.

Ajoutons que le général Cavaignac a longtemps vécu hors
de France, et que cette absence prolongée l'a préservé des
impertinences de la curiosité publique. Rare fortune en ce
temps de publicité indécente, les détails de sa vie échappent
au vulgaire, qui n'en saisit que les grandes lignes. Aucun de
ces mots malheureux ou équivoques, comme on en met
dans la bouche de presque tous nos hommes politiques, aucune de ces anecdotes puériles ou ridicules qui les amoin-
drissent dans l'opinion, ne vient offusquer l'esprit, quand on
interroge le passé du général Cavaignac. La pensée se repose
avec satisfaction sur une carrière honorable, sur une existence pleine de dignité. Par un privilége enviable, le général Cavaignac n'est compromis avec aucun parti. Il n'a point
d'antécédent à renier, point de promesse à rétracter ; il n'a
promis que de rétablir l'ordre ; il a tenu parole. Désormais sa
marche est libre. Il peut hardiment poser son but, frayer sa
route ; il peut faire appel à tous les hommes de bien et s'é-
crier, sans crainte d'être laissé seul : *Qui m'estime me sui-
ve !*

Examinons maintenant dans quels partis, ou plutôt dans
quels groupes, car je ne saurais voir de partis constitués au
sein de l'Assemblée, le général Cavaignac doit trouver les
élémens d'une majorité, non point soumise comme l'enten-
dait M. Guizot, mais capable de discipline politique. Avant
les quatre fatales journées, on voyait à la Chambre, ou du
moins on croyait y voir, le parti de la légitimité, le parti de
l'Empire, le parti de la régence et le parti du jacobinisme
communiste. On désignait les hommes de programme qui,
un jour ou l'autre, s'empareraient de l'Hôtel-de-Ville pour y
proclamer, qui Henri V, qui le prince de Joinville, qui Barbès, qui Napoléon Bonaparte. L'aigle, le lys, le coq et le
niveau flottaient ouvertement sur des pavillons prêts au combat. Mais les tempêtes de mai et de juin ont dispersé et dé-
semparé les flottes ennemies. On n'aperçoit plus qu'embar-
cations et radeaux épars, qui rament à la hâte vers un même

rivage, cherchant le même port. Les prétendans se résignent à reconnaître, par le silence du moins, la République victorieuse.

Cette République s'inspirera-t-elle de l'esprit démocratique ou de l'esprit monarchique ? C'est aujourd'hui la seule question sérieusement posée entre les deux opinions dominantes dans le pays. Voyons quelles sont, au sein de l'Assemblée, les forces respectives de ces opinions.

En première ligne, aux postes avancés de l'opinion démocratique, nous rencontrons un groupe de quarante personnes environ, qui forme ce que le langage plagiaire du jour appelle la *Montagne*. Ce groupe, qui tient séance en dehors de l'Assemblée, dans un cercle de la rue Castiglione, et qui vient de se laisser dénombrer sur la candidature de M. Bac à la présidence, nourrissait, au début de la session, des espérances illimitées. M. Louis Blanc croyait alors de très bonne foi posséder, avec la confiance et l'amour des classes ouvrières, un moyen assuré d'organiser le travail et de substituer, en un clin-d'œil, la *fraternité* à l'*individualisme*. M. Pierre Leroux sentait distinctement en lui le Dieu régénérateur du monde. Plusieurs, qu'il est superflu de nommer, habitués à diriger les sociétés secrètes, pensaient qu'il ne devait pas être plus malaisé de gouverner la France. Le parti, en général, ne voyait point à la chose de difficultés sérieuses. Tout lui semblait très facile, très simple, plus que simple, élémentaire. Ces illusions n'ont duré qu'un printemps. L'invasion du 15 mai, les barricades de juin ont prouvé à MM. Louis Blanc et Pierre Leroux qu'ils n'étaient point de complexion révolutionnaire. D'autres, mieux aguerris au combat, en voyant une si épouvantable mêlée, en assistant, sans le pouvoir arrêter, à ce débordement d'une énergie inconnue, ont détourné la tête. Ils se sont demandé si les félicités qu'ils avaient promises au Peuple étaient assez certaines, seraient assez complètes, pour qu'on les dût ainsi baptiser dans le sang humain. Les larmes d'une amère désolation ont coulé sur leur visage ; l'orgueil de leur âme consternée s'est amolli ; il n'est plus impossible aujourd'hui à un homme de cœur, tel que le général Cavaignac, de gagner à la cause d'une République sage et conciliatrice des hommes de cœur aussi, égarés un moment, les uns par l'ambition, d'autres par la suffisance de la jeunesse, d'autres encore par l'éblouissement de la popularité. Il ne sera besoin au chef de l'Etat, pour les amener à lui, que de leur donner confiance dans son amour pour le peuple.

Quant aux groupes, beaucoup plus nombreux, du *Palais-National* et de l'*Institut*, formés sous les auspices de MM. Dupont (de l'Eure) et Marrast, ils seraient le point d'appui naturel du Gouvernement si de récentes blessures et l'irritation qui en est la suite ne jetaient quelques ressentimens personnels, quelques suspicions, à la traverse d'une alliance commandée par la politique. Mais, par bonheur, l'un des membres les plus influens de cette grande fraction républicaine, incapable d'aucune susceptibilité égoïste, souhaite avec passion, en vue du pays, le bon accord de tous les républicains sincères, et personne n'est mieux que lui apte à le procurer. Auxiliaire précieux pour les hommes revêtus d'un pouvoir qu'il a possédé lui-même avec angoisse, dans des circonstances périlleuses, et dont il connaît à fond les difficultés et les amertumes, M. de Lamartine est, aujourd'hui plus que jamais, appelé à un rôle d'équité, d'impartialité, à une intervention bienveillante. Son concours est acquis, sans acception de personnes, à quiconque combattra loyalement, sagement, les tendances dangereuses et les duplicités du parti rétrograde; à quiconque donnera, en défendant la République, des gages de sécurité, d'ordre, de respect pour le droit.

Il ne faut pas oublier non plus, dans le dénombrement des forces prêtes à se rallier autour du nouveau pouvoir, ces hommes indépendans, ces consciences mâles, que ni l'ambition, ni le préjugé n'entraînent, qui ne s'enrôlent point dans les partis, mais à qui le caractère du général Cavaignac offre des garanties de moralité politique sans lesquelles il n'est point à leurs yeux de bon gouvernement.

Il reste à nous rendre compte du parti rétrograde, de cette réunion de la *rue de Poitiers*, inspirée par l'esprit monarchique, dirigée par M. Thiers, et dont les présomptions font tant de bruit depuis qu'elle est parvenue à réunir sur la candidature de M. Lacrosse, 341 voix assez surprises, je l'imagine, de leurs subites et mutuelles sympathies. Le chef de ces néo-conservateurs a bien lieu de se réjouir, en effet. Qu'il doit sembler piquant à M. Thiers de se voir devenu le représentant de l'ordre et le garant de la sécurité publique! La philosophie sceptique de son esprit observateur doit trouver bien plaisant le singulier tour des choses qui presse, à cette heure, autour de sa fortune révolutionnaire, toutes les légitimités, toutes les orthodoxies. Edifier l'abbé Fayet, serrer de sa main droite la main chevaleresque d'un Larochejaquelein, d'un Vogué, quand, de l'autre, on appelle à soi les doctrinaires, c'est là, il faut l'avouer, une rare aventure. Qu'en pense M. Guizot?

Mais que M. Thiers se hâte d'applaudir lui même à l'originalité de son impromptu politique! Les fils multiples de l'intrigue sont trop tendus pour ne pas rompre au premier jour. Le concours du clergé, par exemple, qui donne une certaine apparence de solidité à cette combinaison d'élémens hétérogènes, est trop contraire à la moralité, à la dignité, et par conséquent au véritable intérêt de l'Eglise, pour que les chefs du parti catholique ne s'en fassent pas scrupule et, venant à résipiscence, n'apportent pas bientôt, dans de telles relations, plus que de la froideur. L'origine du christianisme, sa doctrine et ses préceptes sont de tous point conformes à l'esprit de la démocratie. Ce serait une erreur bien regrettable du clergé français que celle qui séparerait sa cause de la cause populaire. C'est au sein du peuple qui n'a point perdu la foi que le sacerdoce peut aujourd'hui retremper sa force alanguie. Commettre son bonheur et ses intérêts avec ceux des disciples de Voltaire, c'est avoir la vue bien courte; ce ne peut être là qu'une surprise de l'opinion, mais non une volonté réfléchie. J'en dis autant des légitimistes sincères. De semblables coalitions flétriraient l'honneur d'un parti qui, plus qu'aucun autre, puise sa force dans l'intégrité de son honneur. Il n'est besoin d'en dire davantage; les pierres de la citadelle de Blaye sont là qui parlent haut.

Quant à cette fraction de la classe moyenne qui se jette effarée dans les bras de M. Thiers dont elle redoutait naguère la verve belliqueuse et la prodigalité imprévoyante, le ministre du 1er mars s'abuserait fort s'il faisait quelque fondement sur une sympathie toute de circonstance. Que

M. Thiers le sache bien, les conservateurs le prennent comme un pis-aller dans leur déroute, mais ils le quitteraient sans scrupule le jour où un conservateur plus conséquent leur semblerait devenu possible.

Le parti de la rue de Poitiers suppose bien gratuitement que M. Thiers, qui n'a pas su préserver la dynastie d'une chute ridicule, saurait maintenir, avec une république tempérée, la paix au dedans et au dehors. Illusion étrange! Bien que, selon toute apparence, M. Thiers préfère une république dont il serait président à une monarchie dont il ne pourrait être au plus que le premier ministre; bien qu'il ne conspire point; bien qu'il souhaite faiblement une restauration de branche cadette, la force des choses l'y pousserait. Son avénement au pouvoir contient en germe la régence; la régence, c'est la guerre civile. Ce n'est pas là, sans doute, ce que veut le pays. J'estime donc que le noyau artificiel qui vient de se former autour de M. Thiers ne tardera point à se dissoudre. Les hommes de paix qui s'y sont joints sans trop réfléchir comprendront qu'un parti qui repousse avec aigreur toute innovation, toute amélioration dans le sort des classes pauvres, doit inévitablement précipiter une violente explosion du désespoir populaire, et que le lendemain de son triomphe serait la veille d'une guerre sociale.

Ces considérations, Monsieur, et d'autres que je tais pour ne point abuser d'une bienveillance précieuse, me portent à croire que le Gouvernement actuel ne rencontrera pas d'obstacles insurmontables à la constitution d'un Etat vraiment démocratique. Le bon sens de la nation, déconcerté, dérouté par la succession rapide et confuse d'évènemens prodigieux, rentrera bientôt en possession de soi. Il n'ira plus chercher dans le passé, pour accomplir une rénovation pacifique, des principes et des hommes incompatibles avec le dogme sur lequel cette rénovation fonde son droit et ses espérances; et, si nous ne voyons pas se réaliser les promesses téméraires des jours d'effervescence et d'héroïsme, nous assisterons du moins au développement régulier et continu dans les lois du sentiment de fraternité en dehors duquel il n'est plus de salut pour la France républicaine.

IMPRIMERIE ÉDOUARD PROUX ET Cᵉ, RUE NEUVE-DES-BONS-ENFANS, 3.

LETTRES RÉPUBLICAINES.

IX.

DE QUELQUES ORATEURS.

MM. LEDRU-ROLLIN, LOUIS BLANC, PROUDHON, etc.

A Fanny Lewald.

14 août.

Le premier de tous les arts chez un peuple libre, c'est sans contredit l'art oratoire. Non seulement il contribue avec les autres arts, par le charme qu'il opère sur les imaginations, à la dignité ou à la douceur des mœurs ; non seulement il apporte sa part de jouissances nobles à la vie commune, mais encore il influe sur la législation ; il exerce une action directe et immédiate sur le gouvernement des affaires publiques.

Dans les monarchies absolues, l'éloquence est en quelque sorte un luxe. Les oraisons funèbres de commande, les discours d'apparat aux académies, les plaidoyers payés par les grands et les riches n'ont guère d'autre effet que de ravir les beaux esprits désœuvrés, en servant des intérêts purement individuels. Ce sont les exercices oiseux et souvent nuisibles de cette *profession de flatterie* dont parle Socrate, *qui substitue le goût d'une beauté empruntée à celui d'une beauté naturelle.* Un tel art n'a rien de sérieux. Il occupe une place très secondaire dans la vie intellectuelle des nations.

Mais lorsque des lois constitutives, quand la paix ou la guerre, la liberté ou le despotisme, résultent des délibérations d'une assemblée d'hommes égaux en droits, ne subissant d'autre empire que celui de la persuasion, alors l'art oratoire change de nature. Il entre, pour ainsi parler, dans sa virilité et s'élève à sa puissance la plus haute. Il devient l'expression suprême du génie des peuples.

En nous jetant en pleine démocratie, en conférant à tous les citoyens des droits politiques qui multiplient leurs relations entre eux, la Révolution de Février devait, selon toute apparence, imprimer un très grand élan à l'art oratoire. On s'attendait à voir surgir du sein d'une assemblée sortie du suffrage universel, du sein des clubs surtout, de véritables orateurs populaires. Il n'en a pas été ainsi. Dans les clubs où chaque soir, pendant quatre mois, le peuple allait traiter librement des affaires publiques, on n'a entendu que des déclamations plagiaires, des vulgarités hyperboliques empruntées au mauvais journalisme de 93. A l'Assemblée nationale, quelques renommées acquises et quelques voix nouvelles ont obtenu pour un jour un succès de déférence ou de curiosité, mais personne n'a conquis d'autorité durable ; nul n'est entré en possession de l'héritage des Mirabeau, des Vergniaud, des Danton. Ceux-là même qui peut-être les eussent égalés en talent ont senti entre eux et leur auditoire l'absence de cette communication magnétique qui est la force en même temps que la récompense de l'orateur. D'où vient cela? D'où vient qu'en des circonstances qui paraissaient si favorables, l'art oratoire est demeuré languissant et n'a point conquis, par un essor nouveau, l'empire des âmes?

Entre les causes diverses que j'entrevois à cette influence très minime des orateurs pendant la période si féconde en évènemens que nousvenons de parcourir, il en est une qui suffirait seule à l'expliquer. C'est le caractère en quelque sorte pratique et le sens très peu idéal de la Révolution de février.

La guerre pour le droit, cette lutte de Titans dans laquelle nos pères ont prodigué tant d'héroïsme et de génie, est terminée. Il ne s'agit plus pour nous de faire triompher une cause à jamais victorieuse, mais de réaliser les promesses que les philosophes ont faites en son nom à l'humanité. La théorie est devenue un lieu-commun. Les principes ne sont plus contestés. Chacun souhaite, exige leur application dans les faits. Or, l'application sociale du principe de l'égalité fraternelle, ce n'est ni à la religion, ni à la philosophie, ni à l'art qu'on la peut demander aujourd'hui; c'est à la science aride du chiffre, à l'économie politique, à ce qu'il y a de plus utile mais de moins beau dans l'ordre des connaissances humaines.

Et le cœur humain est ainsi fait, l'homme est de si noble essence, que pour l'émouvoir fortement, pour l'exalter, il faut la beauté idéale. L'utilité des institutions par lesquelles le crédit, le travail, la prospérité, l'existence matérielle enfin, seront assurés à tous, cette préoccupation exclusive du dix-neuvième siècle, ne saurait inspirer le génie des arts libéraux. A quoi servirait de nous le dissimuler? La société est entrée dans une de ces phases de transformation où le travail interne des forces vitales détruit toute harmonie apparente. N'avez-vous pas quelquefois observé un moment analogue dans la métamorphose des plantes, quand la fleur est flétrie et que le fruit n'est point encore développé? Rien de moins agréable à l'œil que cette simultanéité d'une forme caduque et d'une forme embryonnaire. Ainsi du temps présent. L'éloquence et la poésie ont disparu avec le printemps de la liberté. Son été nous les rendra sous un autre aspect; mais en attendant nous travaillons sans encouragement ni récompense. Nous subissons les conditions avares du progrès.

You fragments! s'écrie le Coriolan de Shakspeare, en apostrophant le peuple mutiné! Mot profond dans sa triste ironie. *You fragments*! c'est l'arrêt des dieux jaloux qui pèse sur l'homme et sur les siècles. Rien de complet dans la vie mortelle. A chaque individu, à chaque génération, sa tâche fragmentaire. La nôtre est ardue plutôt qu'héroïque; difficile, mais sans éclat. Hâtons-nous de l'accomplir pour pouvoir assister du moins avant l'heure du dernier repos, au réveil du génie chez une génération issue de nous et plus heureuse, amenée par les loisirs que nous lui aurons faits au culte de la beauté, de la poésie, de l'éloquence.

Pour répondre aux besoins des esprits, la parole, aujourd'hui, ne saurait être trop précise, trop sobre d'ornemens. Les longs développemens, les tours ingénieux, certaines élégances, certaines grâces même du langage, tout ce qui tient à l'art proprement dit semble un peu hors de propos, quand tout autour de nous se hâte fatalement vers une fin inconnue. Exprimer simplement, avec mesure et clarté, des idées justes, c'est la seule perfection compatible avec l'effrayante et rapide succession d'hommes et de choses qui nous entraîne. L'Assemblée nationale se montre de cet avis. Elle a donné jusqu'ici très peu d'encouragemens aux essais oratoires. Les harangues l'ont trouvée distraite; elle a fait promp-

te justice des monologues trop prolongés et se refuse opi-
niâtrément à entreprendre des éducations tribunitiennes.

Un très petit nombre d'orateurs a pu triompher de ces dispositions peu patientes. Je ne vous parlerai que pour mémoire
de ceux dont la réputation était faite avant la révolution de
Février. Ceux-là n'ont ni gagné ni perdu à paraître devant
une Assemblée nouvelle. L'éloquence majestueuse de M. de
Lamartine avait atteint dans les dernières années de la monarchie une élévation qu'il n'était guère possible de dépasser.
Aucun succès ne pourra faire oublier à M. de Montalembert
les transports que son tableau des scélératesses du radicalis-
me excitait, le 15 janvier dernier, dans la Chambre
des pairs. En montant à la tribune de l'Assemblée élective,
M. Hugo a pu voir sur tous les visages cette expression de
condescendance un peu railleuse que la Chambre haute af-
fectait pour ses antithèses romantiques et pour ses poses sa-
cerdotales. Chacun semblait encore lui dire avec le chœur
des Nuées : « *Et toi, pontife des niaiseries les plus subtiles,
dis-nous ce que tu veux.* » MM. Berryer, Crémieux, Marie,
en disant, à peu de mots près, les choses accoutumées,
ont éveillé les mêmes échos. Quant à M. Barrot, lorsque,
pour la première fois depuis le 22 février, où il déposait sur
le bureau de M. Sauzet l'acte d'accusation de M. Guizot, il a
reparu devant une assemblée législative, il a retrouvé dans
tous les cœurs la même estime pour son honnête personne
et la même disposition à prendre au sérieux, chez lui, ce qui
chez tout autre semblerait risible : l'emphase de la légalité,
la monotonie de l'indignation, la consciencieuse solennité
d'une importance qui s'abuse.

Deux hommes seulement, parmi ceux que l'on connaissait, semblent avoir grandi dans les dernières luttes parle-
mentaires : M. Ledru-Rollin et M. Thiers.

Excité par des attaques dont la partialité lui permettait de confondre sa cause personnelle avec celle de la révolution, M. Ledru-Rollin a trouvé des accens pathétiques qui ont surpris les préventions les mieux en garde. Son improvisation chaleureuse dont le rhythme inégal semble ne se mesurer qu'aux battemens d'un cœur fortement ému, sa parole emportée et vibrante, ont produit un effet extraordinaire. Les acclamations arrachées en quelque sorte par M. Ledru-Rollin, dans la séance du 3 août, à un auditoire sinon hostile du moins très en défiance, sont un des plus étonnans triomphes de l'éloquence révolutionnaire. Cette séance a laissé dans l'Assemblée la conviction que, si M. Ledru-Rollin ne s'est pas montré au pouvoir aussi prudent, aussi modéré qu'il convenait de l'être, s'il a eu des écarts et des négligences infiniment regrettables, il demeure, par la trempe de son esprit, par la nature de son talent, un défenseur puissant du droit et de la liberté, un de ces orateurs qui exercent sur le pays, dans les momens de crise, une action décisive et salutaire.

Les ennemis de M. Ledru-Rollin, en lui donnant l'occasion, par leur sévérité outrée, d'une si belle défense, l'ont aidé, contre leur attente, à ramener à lui l'opinion publique. Elle apprécie aujourd'hui avec beaucoup plus d'équité des actes, répréhensibles il est vrai, mais compensés par de signalés services. Si elle condamne les inconséquences de l'homme d'état, les faiblesses coupables de l'administrateur, elle réhabilite le citoyen dévoué, le tribun courageux. Il n'a fallu, pour une telle conversion, que dix minutes d'une éloquence que j'appelais tout à l'heure révolutionnaire, parce qu'elle ne s'astreint à aucune règle et tire toute sa force de ce désordre entraînant par lequel se révèlent et se communiquent les passions profondes.

Ce n'est pas précisément à la même source que M. Thiers va puiser ses inspirations. Le succès récent de sa parole tempérée, vous vous en serez aisément rendu compte, est d'une nature toute différente et tient à des causes très opposées. M. Thiers est un habile tacticien; il tourne l'ennemi avec une prestesse napoléonienne. Il vient d'exécuter de si merveilleuses manœuvres contre MM. Goudchaux et Proudhon qu'à l'heure où je vous écris la province en masse le considère comme le seul homme capable de rétablir l'ordre dans nos finances, et, ce qui est un bien autre titre à ses yeux, comme l'exterminateur du socialisme et le sauveur de la propriété. Désormais le Dieu Terme est dépossédé de son office. Point de champ bien gardé si la borne qui le sépare du champ voisin ne porte, taillés dans le grès où le granit, le nez conservateur et le menton résolu du petit ministre.

Ceci me conduit à vous parler des orateurs nouveaux dans la personne desquels le socialisme a fait sa première apparition à l'Assemblée nationale ; apparition qui, selon moi, est un des symptômes les plus caractéristiques de cette *force des choses*, innommée et incomprise, qui nous pousse, en dépit de nos résistances, de nos erreurs, de nos folies, aux conséquences logiques des principes posés par le dix-huitième siècle.

J'aurais voulu que vous vissiez M. Pierrre Leroux monter à la tribune. Tous les yeux le suivaient avec une sorte d'anxiété ; chacun retenait son haleine dans l'attente de cette parole encore inconnue à laquelle les circonstances prêtaient la gravité et l'autorité de l'apostolat. Un danger sourd menaçait le pays. Les socialistes avaient tant parlé de leur influence sur le peuple qu'on les croyait maîtres des évènemens. Déjà plusieurs orateurs les avaient conjurés de venir en aide aux politiques déconcertés. On les suppliait de s'interposer dans ce cruel malentendu entre le riche et le pauvre qui, d'un instant à l'autre, allait éclater en un combat sanglant. M. Pierre Leroux consentit à dévoiler sa pensée demeurée jusque-là muette.

Enveloppé d'un vêtement d'étoffe grossière dont l'ampleur informe accusait vaguement la forte stature un peu affaisée déjà de l'homme entré dans la maturité de l'âge, l'œil rayonnant dans l'ombre qu'une chevelure brune, touffue, inculte, jetait à son front largement développé, le philosophe socialiste produisit sur l'Assemblée une impression étrange. La flamme subtile de son regard, son teint animé, sa lèvre sensuelle, son cou épais et court sortant d'une cravate à peine nouée, la beauté à la fois épicurienne et rustique de toute sa personne, expriment, avec une rare puissance, cette aspiration ardente de l'esprit vers les jouissances matérielles, cette convoitise ennoblie par l'intelligence, qui donnent un caractère si tristement tourmenté à notre vie moderne.

Le discours de M. Pierre Leroux fut pathétique, mais sans enchaînement ni conclusion. Il lançait à la société un anathème dont la redite ne manquait pas d'éclat. On s'émut avec lui au récit navrant des souffrances du pauvre qu'il connaissait mieux que personne. Mais que fallait-il faire pour en tarir la source? M. Pierre Leroux ne le disait point. Les jours nées de juin nous surprirent avant qu'il eût eu le temps d'expliquer sa pensée énigmatique. L'archevêque de Paris alla mourir sur les barricades. M. Pierre Leroux continua de méditer sur son banc. A dater de ce moment son éloquence perdit tout prestige. Le peuple n'accorde le droit de parler en son nom qu'à ceux qui savent combattre à ses côtés. En révolution, quiconque n'est pas toujours prêt à affronter la mort ne peut prétendre à évangéliser les hommes.

Si M. Louis Blanc a mieux résisté que M. Pierre Leroux à l'épreuve de la tribune, cela tient à une pratique plus exercée de l'improvisation et à une verve naturelle mieux secondée par l'art. Cela tient aussi, chose singulière, à l'autorité qu'il sait prendre, malgré sa taille et sa physionomie juvéniles. L'éclair de son grand œil noir, les lignes fermes de son visage, son croisement de bras expressif, décèlent chez lui une force de volonté peu commune et qui s'impose. Sans cette autorité en quelque sorte extérieure, je doute que M. Louis Blanc parvint à captiver long-temps l'attention, car la passion qui brille dans son regard n'anime point sa parole. Il a beau la renfler, il a beau accentuer d'un geste violent ses périodes sonores, le froid glacial d'une creuse rhétorique vous saisit bientôt. On regarde, mais on n'écoute plus. Le cœur reste fermé à cette déclamation monotone au fond de laquelle ni l'idée, ni le sentiment ne palpitent.

Malgré l'éclat de sa réputation et la part active qu'il a prise dans le gouvernement, M. Louis Blanc, de même que M. Pierre Leroux, s'efface de jour en jour, et la curiosité publique se tourne tout entière vers une individualité bien autrement originale, saisissante et hardie, qui, dans l'opinion du vulgaire, personnifie à cette heure le socialisme en France. Est-il besoin de nommer M. Proudhon ?

Le socialisme, il est vrai, proteste contre une telle assimilation et repousse un si dangereux auxiliaire. Par le vote du 31 juillet, il s'est violemment séparé, et renouvelle chaque jour, par tous ses organes, de la manière la plus formelle, son acte de divorce ; mais le public n'en persiste pas moins à confondre dans une même réprobation des systèmes et des personnes hostiles.

Quant à M. Proudhon, approbation ou improbation, protestation ou concours, succès ou échec, semblent également

mal venus à sa hautaine indifférence. Doué d'une puissance d'abstraction à faire envie au plus exercé des hé-
géliens, il nie *tout ce qui est.* Ni les choses, ni les personnes
n'ont à ses yeux la moindre réalité. La société, pour lui,
n'existe plus. Il s'étonne seulement du bruit importun qui se
fait encore à la surface de ce néant que traverse sa pensée.
Le visage impassible de M. Proudhon répond avec une fidélité effrayante à cet esprit de négation qui possède son âme.
On dirait que sa bouche n'a jamais souri, que son regard ne
s'est jamais posé avec douceur sur aucune chose humaine.
Dans sa morne physionomie, de même que dans ses livres,
on ne découvre pas la trace d'un mouvement sympathique.
Sa verve amère est toute de mépris et d'indignation. Il dé-
verse le blâme et l'injure sur ceux-là même qui combattent
à ses côtés. Il ne reconnaît point d'alliés, ne cherche point
de disciples. Il veut rester seul, en tête-à-tête avec un ma-
thématicien invisible auquel il démontre une équation que
la société ne peut ni ne veut comprendre.

On conçoit, sans la justifier, l'irritation extrême des
représentans en voyant la contenance imperturbable et, si je
puis m'exprimer ainsi, le flegme passionné avec lequel M.
Proudhon expose ses doctrines. Il devient à peu près impossible désormais au philosophe du prolétariat de prendre la
parole.

On peut donc considérer le socialisme actuel, sous ses
formes diverses, comme réduit au silence dans l'Assemblée
législative ; car on ne peut guère compter, après les trois
écrivains-orateurs que je viens de nommer, ni les excentri-
cités pittoresques de M. Caussidière, ce génie de carrefour,
ce Démosthène des barricades, ni les exclamations pathétiques
de M. Lagrange, ce chevalier sans peur de la démocratie.

Est-ce à dire que le socialisme soit vaincu ? Bien aveugle qui le croirait ! Dans l'état encore si vague de ses aperçus, dans l'incohérence de ses systèmes, le socialisme obtient le seul succès auquel il doive raisonnablement prétendre; il contraint ses adversaires, il force tout ce qui parle, tout ce qui écrit, tout ce qui pense, tout ce qui gouverne, à chercher la solution des problèmes qu'il a posés.

Mais cela se fait sans qu'on en ait conscience. L'Assemblée, comme le pays, obéit à une force cachée dont elle ignore le but et les voies. L'éloquence de la tribune n'a servi jusqu'à présent qu'à nous montrer sous un jour plus sombre nos maux de plus en plus aggravés, sans qu'aucune inspiration du génie nous en ait fait entrevoir le remède.

En d'autres temps, il y aurait eu à tenir grand compte d'un talent tout-à-fait hors ligne qui s'est produit depuis l'ouverture de la Constituante. Je veux parler de M. Jules Favre. Une précision, une lucidité parfaites, une déduction sévère, un tissu serré, un langage soutenu sans déclamation, de l'ordre sans monotonie, telles sont les qualités éminentes qui ont valu à M. Favre un succès sérieux, sans toutefois lui donner d'influence sur l'Assemblée. Le sens souvent très juste, mais toujours très froid de ses discours, satisfait l'esprit ; il n'entraîne jamais aucun vote.

Un bien déplorable débat va s'engager prochainement entre plusieurs des hommes dont je viens de vous entretenir. Nos plus beaux talens, les orateurs les plus chers à la République, vont s'entr'accuser, dit-on, s'entre-déchirer. Au profit de qui? Hélas ! au profit de nos ennemis qui déjà se réjouissent.

Mais pourquoi vous communiquer mes tristesses ? je voulais, en vous écrivant, faire diversion à des pensées qui me pèsent. J'aurais voulu surtout pouvoir vous dire avec conviction ce qu'un ancien disait de sa belle patrie : « Notre ré-

» publique est l'école du monde. Il me semble y voir cha-
» que citoyen doné d'une heureuse flexibilité que jamais
» n'abandonnent les grâces (1) ».

La vérité m'a fait tenir un autre langage. Pardonnez à l'a-
mitié qui ne sait rien feindre. Mon intention était de ne vous
parler que d'art et de poésie ; mais l'art et la poésie ont fui
loin de nous ; une activité malfaisante nous agite stérilement.
Nos souffrances nous arrachent des plaintes injustes, et l'injustice irrite nos souffrances. L'éloquence, qui devrait du
moins charmer nos douleurs, n'est plus que le don funeste
d'accuser et de maudire. Le génie de la France se voile.

---

(1) Thucydide.

X.

LES SUPPLIANTES.

———

Au général Cavaignac.

17 août.

Faire accorder les inspirations du cœur avec les conseils de la raison, c'est le secret des grandes vies, c'est le devoir des hommes d'Etat; c'est, nous le savons, général, le vœu le plus fervent de votre belle âme.

Les sévérités de la guerre vous ont été commandées, au jour de la lutte, contre une sédition qu'il fallait vaincre à tout prix, parce que son triomphe eût plongé la France dans un chaos sanglant que l'histoire épouvantée se serait refusée à décrire.

En domptant par la force une révolte plus insensée encore que criminelle, vous avez sauvé la cause sacrée qu'elle croyait défendre; car, pareil à ces races antiques que poussait à d'involontaires forfaits un destin inexorable, le peuple de Paris courait fatalement à sa perte. Exaspéré par la misère, aveuglé par l'ignorance, on l'eût vu, au lendemain d'une victoire sinistre, en proie à mille passions contraires, éperdu, pressé de remords, doutant de lui-même et de Dieu en présence de l'impossible, entonner pour s'étourdir le Péan des furies. Puis il eût tourné contre son propre sein sa force en délire; il eût consommé, dans le transport de ses espérances inassouvies et dans les ténèbres de sa raison, un immense, un épouvantable suicide.

Oui, nous le disons tous, et c'est notre devoir de le répéter bien haut afin d'alléger, s'il se peut, le poids qui pèse aujourd'hui sur votre grand cœur attristé, il a fallu, il a été d'une nécessité implacable que la force triomphât de la force.

Mais à l'heure de la force succède immédiatement, chez les peuples libres et policés, l'heure de la justice qui est aussi l'heure de la clémence, car, pour qui sait comprendre l'humanité, la clémence n'est qu'une justice supérieure et attendrie.

« Dans Paris, je ne vois que des vainqueurs et des vaincus; que mon nom reste maudit si je consentais à y voir des victimes! » C'est vous, général, qui avez prononcé ces nobles paroles; et vous êtes chef de l'État; et l'Assemblée nationale a confiance en votre sagesse; et la France entière, revenue de ses terreurs, incline aujourd'hui avec vous à la miséricorde !

Une première et bien rude expiation est accomplie. Entassés dans des cachots; confondus avec des assassins, des pillards et des délateurs; séparés de leurs familles dont les cris de détresse assiégent en vain des murailles muettes; les bras inactifs quand ils savent que leurs enfans, exténués par la faim, implorent, d'une voix de plus en plus éteinte, la pitié publique; ignorant à travers quelles immensités, sur quelle plage déserte, une sentence sans appel va les jeter nus et maudits; des hommes simples, trompés par d'ambitieux égoïstes, des ouvriers honnêtes et fiers, capables de dévoûment et de patriotisme, subissent la torture la plus cruelle à des êtres doués d'énergie et de volonté; leur conscience est en proie au sentiment amer, au remords stérile de l'*irréparable.*

Oh! qu'il n'en soit pas ainsi! Qu'un choix prudent sépare au plus vite des instigateurs de complots et des fauteurs de guerre civile ces dupes héroïques, ces victimes repentantes! Déjà l'Assemblée, dans un sublime instinct de maternité, a résolu que la famille ne leur serait point enlevée. Un mot encore, un signe de mansuétude, et que la patrie aussi leur soit rendue!

Grâce à la vaillante persévérance de cette armée qui honore en vous l'un de ses plus glorieux chefs, l'Algérie est aujourd'hui une terre française. C'est la patrie militante qui, chaque jour, par les armes, par l'agriculture, par l'industrie, conquiert à la civilisation, sur des régions plus étendues, un empire mieux affermi. Une telle œuvre demande un concours nombreux, et l'Algérie est dépeuplée. La fécondité de son sol languit faute de culture. Les vaincus de juin, l'un des braves de notre armée vous le disait il y a peu de jours (1), seraient pour la terre algérienne de précieux colons. Ils trouveraient, au prix du travail, dans ces campagnes fertiles, avec l'estime de leurs concitoyens reconquise, ce bien-être réparateur qui pacifie les instincts rebelles et les convoitises désordonnées. Ils puiseraient dans les chances permanentes

_____

(1) Le général Létang. Lettre au général Cavaignac.

d'une guerre périlleuse l'espoir de verser pour la patrie un sang expiateur.

Leur l'établissement, on l'affirme, coûterait moins à l'Etat que la déportation transatlantique, leur vie moins que leur mort; le sillon du laboureur serait moins chèrement payé que la fosse du banni.....

Aux temps de la Grèce antique, quand tout était encore symbole, poésie, beauté, amour, des Suppliantes vêtues de lin, le front ceint de bandelettes blanches, portant le rameau sacré et les ornemens aimés de Jupiter, venaient embrasser ses autels ; et, sûres d'être exaucées, elles demandaient les douceurs de la patrie à une terre hospitalière.

Aujourd'hui, suppliantes invisibles, cachant à tous les yeux leur dénuement et leur angoisse, des épouses, des mères, des sœurs qui n'osent arriver jusqu'à vous, sentent retomber sur leur cœur en effroi leur prière découragée..... Entendez-les, exaucez-les ! Au nom d'un Dieu qui connut l'exil, au nom de la patrie sauvée, ne repoussez pas de son sein les *Suppliantes !*

IMPRIMERIE ÉDOUARD PROUX ET Cᵉ, RUE NEUVE-DES-BONS-ENFANS, 3.

LETTRES RÉPUBLICAINES.

XI.

A HENRI DE BOURBON,

COMTE DE CHAMBORD.

2 septembre.

Prince,

Depuis quelque temps une rumeur, vague d'abord, mais de plus en plus accréditée, se répand, qui attribue au parti légitimiste un redoublement d'activité dans des projets hostiles à la République. On signale des menées ; on nomme les agitateurs. L'opinion générale est qu'un plan, je ne voudrais pas dire un complot, existe, dont le but serait d'opérer un soulèvement qui remettrait en vos mains, Monseigneur, à une époque assez peu éloignée, le gouvernement de l'Etat de France.

J'ignore si de semblables suppositions reposent sur quelque fondement. J'inclinerais plutôt à les croire tout à fait chimériques. Mais ce dont je me porterais garant, prince, sans avoir jamais eu l'honneur d'approcher votre personne, c'est que, si vous donniez les mains à des tentatives de cette nature, votre religion aurait été surprise et votre patriotisme étrangement trompé.

Ce patriotisme est trop pur, trop désintéressé, j'en ai la persuasion, pour obéir aux suggestions de l'orgueil. Cependant, on peut craindre, sans vous offenser, qu'il ne se laisse séduire par les conseils d'un zèle aveugle. Ce serait uniquement le malheur de votre position et non le tort de votre jugement. Éloigné de France dès vos plus jeunes années, élevé par des personnes dignes de tout respect, mais étrangères par nature et par circonstance aux instincts, aux sentimens, aux idées de la génération présente; grandi dans une atmosphère monarchique et aristocratique, comment vous rendriez-vous un compte exact des besoins et des tendances de la démocratie française? Comment, à une si grande distance matérielle et morale, auriez-vous suivi un mouvement rapide et complexe à tel point que ceux-là mêmes sous les yeux desquels il s'accomplit ont peine à l'embrasser dans sa tumultueuse étendue?

Il peut donc arriver, qu'animé des intentions les meilleures et doué du sens le plus droit, vous vous fassiez illusion sur notre situation politique, et que, un jour où l'autre, en pensant vous dévouer au bonheur de la France, vous consentiez à jouer un rôle dont vous repousseriez avec indignation l'éclat équivoque s'il vous était montré sous son véritable aspect. Je n'ai pas mission de vous éclairer, Monseigneur. Une telle présomption me siérait mal. Néanmoins, en considérant combien votre rang, vos grandeurs et surtout vos infortunes rendent difficiles à ceux qui sembleraient mieux autorisés, de vous parler avec une sincérité entière et un complet dégagement d'esprit, je me sens poussé à vous soumettre quelques réflexions auxquelles vous ne refuserez pas votre attention, j'ose l'espérer; non à cause de moi qui ne suis rien, mais à cause de la vérité qui vous parviendra, par mon humble entremise, dans toute sa simplicité, dans toute sa sévérité salutaire.

Personne plus que moi ne comprend tout ce qu'un exil tel que le vôtre commande de respect et de ménagemens. Nourri dans les traditions anciennes, allié de près à des personnes dévouées à votre royale maison et dont la mémoire m'est chère, si l'expérience et l'étude m'ont conduit dans une sphère d'idées différente de celle où j'avais commencé de vivre, je n'ai point pour cela, comme il arrive trop fréquemment, pris en haine ou en dédain ceux qui sont demeurés dans le premier état. En m'affranchissant de préjugés devenus inconciliables avec ma raison, je n'ai point oublié qu'ils ont leurs racines dans l'histoire. Je crois enfin pouvoir me rendre ce témoignage que jamais peut-être une foi plus vive dans les institutions nouvelles ne s'est rencontrée avec une plus sincère déférence pour l'antique loyauté.

C'est pourquoi, Monseigneur, du fond d'une solitude que les ambitions politiques n'ont en aucun temps visitée, je me permets d'adresser à V. A. R. un exposé succinct de la situation présente des choses, ainsi du moins qu'elle m'apparaît et sous toutes réserves. De plus habiles s'y sont trompés, s'y trompent encore incessamment; je ne réponds que de mon absolue bonne foi. Ce n'est point assez pour voir loin, mais cela suffit peut-être, dans ce cas particulier surtout, pour voir juste.

Depuis l'époque où, tout enfant encore, vous avez quitté la France, de très sensibles modifications se sont opérées dans nos mœurs. Dix-sept années d'un règne dont l'influence désastreuse eût fini, si elle se fût prolongée, par altérer le caractère national, ont pesé sur nos destinées. Un vieillard, aux yeux duquel les sentimens et les principes étaient des obstacles incommodes qu'une saine politique devait écarter ou détruire, avait réussi à force de ténacité, en y employant, outre son habileté propre, le concert des plus rares talens, à détourner l'esprit français de ses voies naturelles. Il l'avait poussé dans les spéculations et l'absorbait de jour en jour davantage dans les calculs de l'intérêt privé, dans les jouissances énervantes des biens matériels. Arrivée avec Louis-Philippe au pouvoir et devenue prépondérante dans le gouvernement des affaires, la bourgeoisie n'était que trop préparée d'ailleurs à subir et à exercer cette action corruptrice. De l'*indifférence en matière de religion* par laquelle elle avait échappé au joug du *droit divin*, elle en vint bien vite à l'*indifférence en matière de politique* qui devait si promptement la soustraire à l'empire du *droit humain*. Aussi les doctrines en vertu desquelles le Tiers-État avait fait deux révolutions furent-elles promptement oubliées. Le mot même de *droit* tomba bientôt en discrédit ; le fait accompli devint le seul criterium auquel les consciences émoussées surent reconnaître le vrai du faux, le bien du mal, le juste de l'injuste, la légitimité de l'usurpation. Et cela n'a rien qui doive surprendre, car ce *fait accompli* donnait gain de cause à la classe moyenne. C'était la satisfaction de tous ses besoins et de toutes ses vanités ; c'était sa puissance bien établie entre la noblesse qui n'existait plus et le peuple qui n'existait pas encore, tandis que le droit, elle en avait comme un pressentiment confus, c'était désormais l'extension à son détriment du principe de l'égalité par l'admission de tous aux bienfaits de l'éducation et à la dignité de la vie politique. Il aurait donc fallu, pour que ce droit passionnât la bourgeoisie, que l'intérêt public prévalût dans son esprit sur son intérêt propre. Or, ses mœurs amollies la rendaient incapable d'un patriotisme aussi dévoué. Elle préféra fermer les yeux à une vérité qui l'aurait troublée dans la jouissance de ses honneurs et de ses plaisirs.

Pendant qu'elle s'aveuglait volontairement, l'intelligence des classes laborieuses s'éclairait, non pas d'une manière égale, salutaire, ordonnée, comme il serait arrivé par un système d'instruction publique organisé sur une vaste échelle, mais confusément, partiellement, sans méthode ni discipline, par les voix tumultueuses de la presse. Des sectes, des écoles, des livres, des journaux imbus d'un esprit violent de réaction contre l'égoïsme des classes supérieures, prêchaient au peuple la révolte. Par un très étrange abus de mots, qui peint mieux que toute chose l'état anormal d'une civilisation en lutte avec elle-même, on enseigna, au nom du Christ et de l'Évangile, on érigea en doctrine le mépris des vertus sur lesquelles repose le christianisme. La résignation à la douleur et le renoncement aux biens terrestres furent représentés comme des faiblesses incompatibles avec la dignité humaine. On exalta les classes qui ne possédaient rien par le même moyen qu'avait employé Louis-Philippe pour abattre les passions de celles qui possédaient tout, en leur inculquant l'estime immodérée des biens matériels. Les convoitises affamées furent excitées contre les convoitises repues. Tous les germes d'une guerre sociale étaient depuis longtemps semés et fermentaient dans les profondeurs, lorsque des causes purement politiques en apparence firent éclater la révolution de Février.

Dans cette étrange mêlée où les principes combattaient sans se nommer comme les dieux de l'Olympe dans la guerre troienne, le peuple demeura vainqueur parce que le droit était de son côté et que, en dépit des faux apôtres et des faux prophètes, le travail et la privation avaient entretenu dans son sein les mâles vertus. Le premier cri de son triomphe fut l'acclamation de la République.

La classe ouvrière de Paris aime passionnément la République. Sa passion l'emporta sur les prudences et les habiletés des chefs de parti, qui voulaient arrêter à un nouveau *juste-milieu* l'élan révolutionnaire. Le Peuple passa' outre et fit spontanément ce que la raison d'état aurait conseillé aux plus profonds penseurs. L'évènement ratifia les décisions de cette instinctive sagesse. L'adhésion de la France à la forme républicaine fut unanime. Le clergé bénit loyalement l'arbre de la liberté. Les orléanistes ne prirent pas une heure pour pleurer à l'écart les princes déchus. Quant à vos partisans, Monseigneur, ils reconnurent hautement dans cette grande catastrophe la justice d'une Providence vengeresse. Chacun salua avec empressement la République, chacun voulut apporter sa pierre à l'édifice nouveau dont l'assise immense promettait un abri à tous les droits, à toutes les croyances, à tous les intérêts. Ce fut une heure solennelle comme les nations en comptent bien peu dans leurs annales, d'une beauté trop parfaite pour n'être pas fugitive, trop divine pour ne pas laisser dans les cœurs d'ineffaçables regrets.

Sorti de l'acclamation du peuple, le Gouvernement provisoire fut un moment l'expression idéale de cette conciliation entre les classes et les partis qui promettait au pays une puissante unité. Composé d'élémens très divers, mais personnifié par l'opinion dans un homme dont le nom glorieux éveillait des images toutes de paix et d'amour, l'état républicain s'annonçait sous les plus heureux auspices. Lamartine, en effet, par les métamorphoses successives de sa pensée qui reflétait avec splendeur l'évolution du siècle, par la magnanimité bien connue de son caractère et la sérénité de son beau génie, apparaissait aux yeux de tous comme un médiateur providentiel entre le monde ancien et le monde nouveau. Les ambitions impatientes de quelques-uns de ses collègues dans le gouvernement lui ravirent une gloire si pure. Loin de comprendre la grandeur de cette mission pacificatrice inspirée de l'esprit moderne, ces hommes sans initiative propre conçurent l'idée fatale de reprendre la tradition révolutionnaire de 93. Un plagiat inintelligent parodia je ne sais quel système terroriste plus ridicule qu'effrayant et bien proportionné à la médiocrité des courages sur lesquels on voulait agir. Pour arracher immédiatement et par contrainte à l'esprit public ce qu'il aurait fait de plein gré un peu plus tard, on évoqua les fantômes du communisme et du jacobinisme. Contre des périls exagérés à plaisir on rappela ces redoutables maximes de salut public dont les imaginations étaient encore frappées par la récente lecture de l'*Histoire des Girondins*. Les *pressions extérieures* contre le Gouvernement provisoire d'abord, puis contre l'Assemblée, inoffensives et toutes d'appareil théâtral à leur origine, devinrent, en dépit même des hommes qui les avaient organisées et par la seule logique des choses, menaçantes et séditieuses. Des sophistes orgueilleux voulurent imposer au bon sens public des théories brutales et chimériques tout ensemble. On s'efforçait vainement de les comprendre quand les journées de juin vinrent leur donner un commentaire formidable. Alors une panique immense saisit le pays. On ne raisonna plus, on ne voulut plus rien entendre. Ce fut une déroute complète, un sauve-qui-peut universel. Au moment où j'écris ces lignes, Monseigneur, on n'est point revenu encore de cette épouvante. Chose étrange et bien triste à dire, c'est uniquement la peur aujourd'hui qui gouverne les conseils de la nation la plus brave du monde.

Ici commence l'erreur des partis monarchiques. Ils spéculent et raisonnent sur cette peur anormale comme s'il était possible qu'elle eût quelque durée. Ils se persuadent que les dispositions du pays sont changées parce que sa confiance est abattue. Et pourtant le choix même de l'homme que l'épouvante publique a porté au pouvoir l'atteste, rien n'est changé au fond des esprits ; le même désir de conciliation au sein de la République subsiste dans la pensée générale. Bien que cela puisse sembler paradoxal au premier abord, il est facile de reconnaître, pour qui regarde un peu au-dessous de l'apparence superficielle des choses, que le général Cavaignac représente exactement, sous une autre forme, cette pensée de conciliation qui fit en Février la force et la popularité de Lamartine.

L'épée du soldat n'appartient pas plus à un parti que la parole du poète. Le rôle tracé à l'un comme à l'autre par l'opinion, c'est le rôle de Washington. Si plusieurs parlent de Monck, tenez pour certain, Monseigneur, qu'ils s'abusent ou qu'ils vous abusent sur les nécessités du temps et sur les inclinations de la France. Parce que la République a eu, comme l'Église, ses convulsionnaires et ses inquisiteurs, parce que les républicains ont compté dans leurs rangs quelques pervers et quelques fous, s'ensuit-il que l'institution républicaine soit jugée et condamnée? Loin de là. Sa supériorité évidente, relativement à l'état actuel de nos mœurs, indépendamment de sa valeur absolue, consiste en ceci qu'elle a en soi un mouvement propre et normal qui, pareil au mouvement naturel des êtres organiques, subit, sans en être altéré, des modifications incessantes. Les partisans de la forme monarchique affirment, il est vrai, que ce mouvement est un danger; qu'il faut, pour contenir la mobilité du caractère français, une forme invariable et la stabilité du principe héréditaire; mais l'expérience leur répond assez. L'œuvre rénovatrice du dix-neuvième siècle, cette grande transformation des conditions de vie de tout un peuple, ne se peut opérer pacifiquement que dans un État qui ne porte aucun nom d'homme et qui soit véritablement la *chose* publique. On l'a vu en février, on l'a vu en juin, c'est cette chose abstraite qu'on appelle le droit, animée par une volonté collective sans nom, qui a vaincu et qui seule pouvait vaincre. Tous les partis se sont trouvés d'accord, tous ont concouru sans préméditation, sans arrière-pensée au triomphe de ce droit universel. Si demain, dans le trouble et la confusion où nous ont jetés des évènemens si extraordinaires, un parti s'emparait du pouvoir par un coup de main habile, vous verriez immédiatement tous les autres entrer en révolte. Leur honneur y serait engagé plus encore que leur intérêt. Seul, le principe républicain est supérieur même à l'honneur des partis. Vos adhérens l'ont reconnu en fait. La République a seule une vitalité assez puissante et un mode d'existence assez souple pour s'assimiler sans effort les élémens les plus hétérogènes. Dans l'ordre politique, la République, c'est la sphère dont parle Pascal; son centre est partout, sa circonférence nulle part. C'est le seul état capable de comprendre aujourd'hui l'infinie diversité des idées, des habitudes, des besoins et des tendances qui composent et compliquent la civilisation moderne.

Monseigneur, vous avez l'âme trop généreuse pour que cette vérité la blesse. Auguste et infortuné représentant de la plus ancienne race et de la plus illustre monarchie d'Europe, si vous n'avez point de rôle actif et politique dans les temps nouveaux, une grandeur historique, et je dirai poétique, vous est réservée, qui peut satisfaire le plus haut orgueil. Vous l'avez compris ainsi ; j'en ai pour preuve et pour garant la dignité constante de votre attitude. Plus heureux que tant d'autres, vous avez forcé à l'estime les ennemis de votre maison. Tous regardent respectueusement les traditions anciennes s'éteindre avec dignité, avec douceur, dans votre noble silence. L'histoire aura pour vous une page attendrie ; la muse austère n'aura pas un blâme pour votre personne.

Dieu vous garde, Monseigneur, d'écouter jamais d'autres conseils que ceux de la voix intime qui parle au dedans de vous. Si je me permets d'y joindre un moment la mienne, ce n'est pas pour vous prémunir contre vous-même, mais contre des dévoûmens auxquels votre jeunesse accorde peut-être une déférence trop grande. J'ai besoin de le répéter en finissant, s'il y avait autour de vous, Prince, des ambitions et des espérances téméraires, votre patriotisme mieux informé ne tarderait pas à en faire justice ; la droiture de vos instincts repousserait des suggestions contraires à cette sagesse parfaite et à cette résignation religieuse dont vous avez jusqu'ici donné l'exemple.

XII.

LES SOCIALISTES SANS LE SAVOIR.

—

PHILOSOPHIE POPULAIRE DE M. COUSIN.

—

A M. Anselme Petetin.

12 septembre.

Le socialisme, que ses adversaires croient vaincu parce que les sectaires et les théoriciens du parti sont en pleine déroute, le vrai socialisme qui n'est ni une secte, ni une théorie, ni un système, poursuit son œuvre et gagne chaque jour du terrain dans les régions intellectuelles. Il obtient, je me permettais de le faire remarquer dans une de mes précédentes lettres, le seul succès auquel il doive raisonnablement prétendre ; il force tous les esprits sérieux, tous les hommes de bonne foi, à chercher la solution des problèmes qu'il a posés.

Mais, allez-vous me dire avec l'inflexible rigueur de votre grand sens, quel est donc, selon vous, ce socialisme où vous ne voulez voir ni un système, ni une théorie, ni une secte ? Définissons les termes, s'il vous plaît ; rien de vague, point d'équivoque ; parlons français et soyons sincères. Qu'entendez-vous par socialisme ?

Une définition du socialisme devient aujourd'hui chose d'autant plus malaisée que le terme même dont il se faut servir est impropre et tombé en discrédit. Cependant, je pense être suffisamment exact et compréhensible en disant que le socialisme est une conviction fondée sur l'histoire et le raisonnement, selon laquelle le génie initiateur de la civilisation qui, aux époques antérieures, a résidé plus particulièrement au sein des classes théocratiques et aristocratiques, anime aujourd'hui le peuple ; et que ce génie populaire a pour mission d'instaurer et de faire régner dans les lois le principe de la fraternité humaine.

Toute formule qui prétendrait préciser davantage est prématurée. Tout projet d'application immédiate et universelle est utopie. Tout ce qui tente de précipiter par la voie des armes la progression pacifique des idées est faction, et périra par les armes. Pareil au christianisme dont il s'inspire en partie, le socialisme puise sa force dans la persuasion ; il est de sa nature de convertir les cœurs et non de violenter les consciences.

Der Weltgeist hat keine Eile (1).

Le génie populaire procédera lentement, organiquement, comme toutes les forces créatrices. Pendant que les énergies désordonnées et stériles qui usurpent son nom, s'entre-détruiront à grand bruit, il croîtra, il se développera en silence. Pendant que l'esprit de secte armera le bras contre le bras, lui, le génie invisible, innommé, insaisissable, prendra doucement, sans éclat ni tapage, possession des âmes.

Absorbé par l'attention de pure curiosité que surexcite, depuis la révolution de Février, le mouvement tumultueux des choses dans l'ordre politique tout oreille et tout yeux pour les brusques péripéties et les changemens étourdissans de ce drame européen dont nous avons vu le prologue, mais dont nul d'entre nous, peut-être, ne connaîtra le dénoûment, le vulgaire laisse inaperçues les transformations qui s'opèrent dans l'ordre philosophique et moral. Il ne daigne pas constater les métamorphoses accomplies dans le règne des idées.

Et non seulement le vulgaire, mais les intelligences d'élite qui, peu après la révolution, confessaient n'avoir pas soupçonné l'existence du socialisme, le supposent aujourd'hui

---

(1) L'Esprit du monde n'a point de hâte.
HEGEL,

rentré dans le néant. Elles ferment une seconde fois les yeux à l'évidence. Les faits les plus significatifs, dans cet ordre de choses, n'obtiennent pas d'elles un moment d'examen.

Je pourrais vous signaler un nombre considérable de ces faits qui tendent à prouver l'action continue de l'idée socialiste et ses conquêtes latentes sur l'esprit de ses adversaires. Je me borne à un seul ; le plus récent. Bien que personne n'y ait trouvé matière à réflexion, il me frappe plus que tous les autres et je vous en fais juge. En cela, comme en beaucoup de points, je me flatte que nous tomberons aisément d'accord, non seulement quant à l'importance du fait en lui-même, mais surtout quant aux conséquences qu'il est rationnel d'en faire ressortir.

Vous n'ignorez pas que, au lendemain des journées de juin, le chef du pouvoir exécutif, alarmé des ravages de l'esprit de secte qui, bien plus que l'esprit de parti, plus même que la misère, avait soulevé la population fanatisée, s'adressa à l'Académie des sciences morales et politiques pour lui demander de contrebalancer l'effet désastreux des prédications communistes et athéistes par des publications à l'usage du peuple, où seraient exposées et développées les saines doctrines religieuses et morales.

On reconnaît dans cette démarche le sens hiérarchique, l'amour de la règle et de la discipline qui caractérisent l'esprit militaire et, en particulier, la personne pleine de droiture du général Cavaignac.

Comprenant que la vraie politique et la vraie morale commandent impérieusement désormais l'enseignement des classes laborieuses trop longtemps négligé, le président du conseil a recours au pouvoir qu'il trouve constitué, au pouvoir représentatif des sciences morales et politiques afin que celui-ci ait au plus vite à y pourvoir. L'Académie répond en se mettant immédiatement à l'œuvre.

A tout seigneur, tout honneur. C'est le plus illustre des académiciens, le chef de l'école philosophique, c'est M. Victor Cousin qui ouvre la série des publications projetées, par la réimpression d'un chef-d'œuvre du dix-huitième siècle qu'il fait précéder d'une préface où, dans son beau langage platonicien, il expose le plan général de l'Académie et le motif particulier qui détermine son premier choix.

« Oui, dit en commençant M. Cousin, et une telle affirmation, sortie de sa bouche, tranchera bien des doutes à cet
égard. Oui, on peut, on doit même enseigner au peuple
la philosophie. »

Puis, après avoir défini la philosophie universelle qui réside dans le bon sens de l'homme le plus borné, tout aussi
bien que dans le cerveau d'un Descartes ou d'un Leibnitz ;
M. Cousin s'adresse aux instituteurs du peuple et leur trace
en ces termes la méthode dont il convient de faire usage
pour enseigner cette philosophie :

« Ouvrez au peuple, dit M. Cousin, de vastes horizons où
se puisse dilater son âme, qu'oppriment ordinairement d'é-
troites et dures nécessités. Parlez lui des grands objets qui
vous occupent vous-mêmes ; parlez-lui de la vraie fin de la
vie, de la beauté de la destinée humaine, de l'éternelle justice et de l'inépuisable bonté qui a créé le monde et le gouverne, qui a fait l'homme et qui le recueillera. Mais en l'entretenant de l'âme et de Dieu, gardez-vous d'employer avec
lui le style de la philanthropie à la mode, ce style à la Ber-
quin, qui veut être simple et qui n'est que ridicule, alam-
biqué et maniéré dans le genre niais, et dont l'effet est de
gâter et d'efféminer la vérité. Il est à remarquer que ces
écrits puérils, si vantés dans un certain monde, n'ont jamais
eu de succès populaire. Quels sont les livres qui ont été le
plus lus par le genre humain ? Ceux qui contiennent les vérités les plus hautes et les plus saintes dans un style naïf et
sublime. Même à parler littérairement, on ne peut mécon-
naître dans la multitude un goût naturel qui la rend sensible à la beauté de la forme, et lui fait aimer et applaudir
avec transport les grandes choses grandement exprimées.
Traitons le peuple comme une créature raisonnable, si nous
voulons cultiver et fortifier sa raison. Respectons-le, pour
lui apprendre à se respecter lui-même ; élevons-le dans sa
propre estime en ne craignant pas de lui adresser un langage simple mais vrai, clair mais sérieux. »

Ou je m'abuse singulièrement, ou bien vous estime-
rez comme moi que cet hommage un peu tardif, mais d'autant plus éclatant, rendu par le chef de l'école éclectique au génie populaire, mérite d'être pris en considération. Certes, ce
n'est point une chose sans gravité de voir une des plus hautes

intelligences de ce temps-ci, le philosophe qui a creusé avec tant d'art et de soin la source où les doctrines politiques du dernier règne se sont alimentées, proclamer la grandeur du Peuple. Ce n'est pas un faible courant de l'opinion qui amène le chef de l'école la plus dédaigneuse qui fut jamais à consacrer, comme il le fait en ce moment, sa rare capacité à la glorification et à l'enseignement de la philosophie populaire. Jamais, assurément, les adulateurs du Peuple n'ont rien imaginé de plus propre à caresser son orgueil. Et plus on mettrait en doute la sincérité d'une telle conversion, plus on voudrait se montrer sévère envers un homme qui, pendant une si longue période, aurait pu accomplir tant de choses et en a fait si peu pour l'instruction des classes pauvres, plus on devrait reconnaître qu'il y a là une justice providentielle qui s'exerce à sa divine manière, en faisant ployer au souffle des révolutions les plus superbes esprits. Mais avançons d'un pas encore, et voyons quel est l'auxiliaire que M. Cousin va réveiller dans sa tombe pour lui demander aide et concours dans la mission qu'il s'est donnée ? quel est le défenseur qu'il choisit à la société en péril ? quel est le livre auquel il vient en quelque sorte donner une autorité nouvelle, en l'entourant du prestige de sa propre renommée et en l'invoquant comme une arche de salut ? On croit rêver, tant la chose devient invraisemblable.

En l'année 1762, le 9 de juin, le parlement de Paris condamne, comme *pernicieux et funeste aux mœurs*, un livre brûlé huit jours après à Genève sur la place publique, en vertu d'un arrêt du grand conseil, qui le déclare *impie et athée*. Les magistrats genevois portent cette sentence dans l'intérêt de la *religion chrétienne, du bien public, des lois et de l'honneur du gouvernement*.

Un mandement de monseigneur l'archevêque de Paris affirme que l'auteur dudit livre « s'est fait le précepteur du » genre humain pour le tromper, le moniteur public pour » égarer tout le monde, l'oracle du siècle pour achever de » le perdre. » Il déclare l'ouvrage « également digne des » anathèmes de l'Eglise et de la sévérité des lois. » Sa vertueuse indignation s'écrie : « Malheur à vous, malheur à la » société, si vos enfans étaient élevés d'après les principes » de l'auteur d'*Emile* ! » Il condamne enfin ledit livre

comme « contenant une doctrine abominable propre à
» renverser la loi naturelle et à détruire les fondemens de
» la religion chrétienne. »

Eh bien, mon ami, c'est précisément ce livre *funeste*,
pernicieux et *abominable*, anathématisé par l'Eglise catholique et l'Eglise protestante, réprouvé en 1762 au nom de
la loi divine et de la loi humaine, dont M. Cousin extrait en
1848 les pages les plus incriminées, la *Profession de foi du
Vicaire savoyard*, pour les placer en tête d'un cours de philosophie populaire. Il ne trouve rien de mieux, pour raffer-
mir sur ses bases la société ébranlée, que cet ouvrage décrété, il y a un siècle à peine, d'impiété et d'athéisme.
Qu'en dites-vous? N'est-ce point là une leçon plus saisissante que l'enseignement du vicaire savoyard lui-même, y
compris la préface de M. Cousin? Ce simple rapprochement
de date et de jugemens ne nous fait-il pas toucher du doigt
l'incohérence et la contradiction des principes qui, depuis
un siècle, prétendent gouverner la société officielle? Ne
projete-t-il pas une lueur effrayante sur l'anarchie au sein de
laquelle cette société, livrée à tous vents de doctrine, s'agite
et s'abîme chaque jour davantage? Que peut-elle attendre
de l'avenir, cette société aveugle, quand les hommes qu'elle
investit du soin de la conduire rallument et prennent pour
fanal la torche incendiaire qu'en un temps si récent on étei-
gnait du pied, de peur qu'elle n'embrasât le monde?

Que va dire le clergé de France d'une telle insulte, d'un
mépris si ouvertement affiché de ses décisions? Peut-il ne
pas protester, ne pas fulminer de nouveaux anathèmes contre le philosophe déiste et le philosophe éclectique? Peut-il
demeurer indifférent au danger que vont courir les populations confiées à sa garde, quand une propagande officielle
s'établit pour répandre des doctrines qu'il juge *impies,
athées, abominables?*

Comment, lorsque le chef de l'Etat fait appel à toutes les
forces conservatrices de la société, prend-on si peu de souci
du sacerdoce, c'est à dire de la plus solide, de la seule véri-
ablement constituée des institutions sociales? Serait-ce oubli de la part de l'Académie des Sciences morales et politiques? Ne faut-il pas plutôt, dans ce procédé offensant pour
l'Eglise, reconnaître une vieille rancune universitaire?

Quoi qu'il en soit, le fait en lui-même ne perd rien de sa gravité. C'est un signe éclatant, irréfragable, de l'impossibilité d'un accord sérieux entre les hommes de l'ordre ancien, quelle que soit l'épouvante qui les pousse en certaines circonstances les uns vers les autres. En vain des évêques catholiques et des pasteurs protestans tendraient-ils aujourd'hui la main à des philosophes, à des hommes d'Etat éclectiques ou sceptiques ; en vain voudraient-ils se rallier sous une commune bannière et se *croiser* contre le génie de l'avenir ; ces alliances pusillanimes ou hypocrites n'auront pas un jour de durée. Le vent de la dispersion soufflera sur leur bannière faite de mille pièces, et jonchera le sol de ses lambeaux.

Je n'ai pas besoin de vous dire que je ne prétends point ici juger ni condamner M. Cousin. En ce qui touche Jean-Jacques, je ne me range à l'opinion ni du Parlement de Paris, ni du grand conseil de Genève, ni même de Mgr de Beaumont. Je pense avec l'Académie qu'un chef-d'œuvre tel que la profession de foi du Vicaire savoyard doit être mis entre les mains du peuple, et que les âmes simples y trouveront le plus noble et le plus excellent sujet de méditation, en même temps qu'un de ces parfaits modèles du grand style par qui s'épure le goût et s'élève l'intelligence.

Mais je demeure frappé, et j'y insiste à dessein, de cette mystérieuse conduite des choses qui fait converger aujourd'hui toutes les pensées vers le peuple. Je vois avec une joie indicible toutes nos sagesses chancelantes, déconcertées, rendre un involontaire hommage au génie populaire, et les plus grands esprits attirés, absorbés dans ce courant immense, dont nul n'a sondé encore la profondeur ni ne soupçonne la force irrésistible.

Ceux qui croient, de nos jours, élever le peuple sont à leur insu et dans le sens le plus étendu du mot, *élevés* par lui à des idées, à des sentimens supérieurs à ceux qu'ils avaient conçus dans leur sphère isolée.

Oui, mon ami, chaque jour me pénètre davantage de cette conviction, c'est au sein du peuple que couve le feu sacré des vérités qui éclaireront l'avenir. C'est dans la simplicité du bon sens populaire, et non dans les systèmes que l'on prend la peine de fabriquer à son usage, que se révèle aujourd'hui l'éternelle sagesse.

M. Cousin et bien d'autres, tout en le niant peut-être dans leurs discours, le confessent implicitement dans leurs actes. Le génie populaire, autrement dit le socialisme puisque nous 'avons nommé ainsi, sans s'inquiéter des querelles dont il est l'objet, ni des *disputations* du communisme contre l'éclectisme, du déisme contre l'athéisme, suit ses voies à lui, et accomplit son œuvre.

Ceux qui savent prêter l'oreille entendent déjà, au-dessous des clameurs confuses, discordantes et blasphématoires d'un monde qui s'écroule, le chœur pieux, l'hymne sacré, la triste mais divine harmonie des catacombes.

IMPRIMERIE ÉDOUARD PROUX ET Cᵉ, RUE NEUVE-DES-BONS-ENFANS, 3.

LETTRES RÉPUBLICAINES.

XIII.

A PROPOS DES DERNIÈRES ÉLECTIONS.

Aux ouvriers de Paris.

23 septembre.

Pourquoi ne vous le dirais-je pas librement, fraternellement, sans réticence ni périphrase ? Le succès électoral dont vous vous applaudissez à cette heure n'est pas, selon moi, de nature à vous donner une force véritable, et la tactique que vous avez suivie en cette occasion, malgré sa réussite apparente, loin de vous rapprocher du but, ne fait, à mon avis, que vous en écarter.

Ceci vous étonne ; mais causons ; expliquons-nous. Qui sait ? peut-être n'avez-vous pas entendu depuis longtemps une parole sincère. Vous êtes souverain ; on vous traite en monarque ; c'est dire que l'on vous flatte et que l'on vous abuse ; mais, par bonheur, vous n'avez pas encore perdu l'amour de la vérité ; et comme vous en reconnaîtrez l'accent dans le peu de mots que j'ai à cœur de vous dire, vous ne regimberez point, j'ose l'espérer, contre ce qu'elle pourrait avoir de peu conforme à vos dispositions présentes, et de contraire au jugement que vous portez, sans aucun doute, sur le résultat des élections.

La liste de vos candidatures, adoptée avec une unanimité profondément politique, était en soi impolitique au suprême degré.

Ici, entendons-nous bien. Loin de moi la pensée de rien insinuer contre les personnes. Je serais au désespoir si l'on inférait de ce qui va suivre le moindre blâme contre des choix individuels dictés, j'en ai la persuasion, par une sérieuse estime; mais un telle liste, systématique, exclusive, blessait l'opinion générale. Elle avait un caractère de provocation, presque de menace, aussi étranger à vos sentimens que nuisible à vos intérêts. C'était comme un cri de guerre, un défi jeté à vos concitoyens qui voyaient dans le rapprochement de ces trois noms, presque également significatifs, une déclaration de communisme. Rien de plus éloigné de votre pensée, je ne l'ignore pas ; mais en agissant ainsi, dans des conjonctures aussi délicates, vous mettiez contre vous l'apparence, et c'est là ce que je regrette.

Sachez-le bien, d'ailleurs, les hommes éminens que vous comptez parmi vos amis, les plus illustres, les plus éprouvés défenseurs de votre cause, en votant avec vous pour vous donner une preuve nouvelle de leur dévoûment *quand même*, ont déploré le caractère agressif de vos choix. Ils n'ont pas subi sans protester intérieurement ces influences inférieures auxquelles vous laissez usurper depuis quelque temps la

direction, plus que cela, le gouvernement absolu de vos affaires.

Ces influences fomentent en vous un esprit d'hostilité
aveugle et impatient qui ne veut plus compter ni avec le
temps, ni avec les hommes ; or, qu'est-ce que la politique ?
c'est précisément l'art de marcher dans les voies du progrès selon la mesure et le rhythme de la Providence, c'est à
dire en calculant les résistances légitimes et le contrepoids
nécessaire des choses établies.

Je voudrais vous voir comprendre davantage la nécessité
pour vous d'acquérir ce sens politique. Confians, et à juste
titre, dans la pureté de vos intentions, dans votre dévoûment, dans votre courage, voyant avec quelle facilité vous
triomphez, à certains jours, des rois et des aristocraties,
vous vous persuadez que c'est là tout. La science des barricades est à vos yeux le *nec plus ultra* de la science sociale.
De là des fautes sans nombre, dont la plus considérable, à
mon avis, consiste à laisser subsister, s'aggraver même
d'heure en heure, le malentendu élevé depuis le mois de
mai, entre vous et le gouvernement du suffrage universel ;
malentendu fatal qui sépare votre cause de la cause républicaine ; qui l'abaisse, qui l'amoindrit, cette grande cause,
aux proportions d'une faction ; qui vous travestit, vous, le
cœur de la nation, vous, sa force et sa prospérité, en instru-
mens de partis, en artisans de désordre, en séditieux, en
rebelles.

Les ambitieux, les brouillons, les fauteurs de guerre civile, se servent de vous pour prolonger nos troubles intérieurs,

à la faveur desquels ils jouent un rôle interdit, dans les temps réguliers, à la médiocrité de leur intelligence ; et vous vous prêtez, sans le savoir, à leurs vues égoïstes par cette absence d'esprit politique que je vous signale comme le plus sérieux obstacle au succès de vos vœux légitimes.

Examinons ensemble la situation morale du pays et vous allez comprendre toute ma pensée.

Sans en rechercher les causes trop longues à énumérer ici, constatons un fait : La société est en proie à l'inquiétude ; elle s'agite, elle s'alarme, se croyant attaquée dans ses deux principes essentiels : la famille et la propriété. La défiance est universelle. Toute innovation est devenue suspecte aux plus hommes de bien, parce qu'ils y soupçonnent un piége. Les mieux disposés, naguères, sont aujourd'hui les plus récalcitrans, les plus résolus à défendre pied à pied l'ordre ancien sans faire aucune concession d'aucune sorte. Je sais combien cette défiance universelle est injuste ; je sais que parmi vous la famille est plus sincèrement, plus religieusement honorée que parmi les grands. Je sais que ceux d'entre vous qui ne possèdent rien considèrent la propriété comme une récompense à laquelle ils aspirent de tous leurs efforts. Le système de la communauté répugne à votre raison et à vos instincts, cela est constant ; mais l'erreur qui vous attribue en masse l'extravagance d'une poignée de fanatiques n'en est pas moins accréditée et répandue jusques au fond de nos campagnes.

Le laboureur, en traçant son sillon, s'il voit passer sur la route quelque ouvrier des villes, le suit d'un œil ombrageux ; il se demande si cet inconnu de mine farouche vient déjà le déposséder de son héritage ; il songe à son fusil rouillé ; il va le faire mettre en état. Sa femme, plus effrayée encore, rassemble autour d'elle ses enfans et leur dit : Soyez sages ; voici les communistes ; persuadée, dans la simplicité de son âme, que les méchans guettent l'heure où sa vigilance s'endormira, pour lui ravir ces chers objets de son angoisse et de son amour.

Eh bien ! j'affirme qu'en un tel état de choses, aussi long-temps que le pays ne sera pas rentré dans une sécurité complète à l'égard de ces deux intérêts moraux et matériels, la famille et la propriété, tant que le fantôme du communisme se dressera devant les imaginations, il n'y aura aucun progrès possible dans les voies de la liberté et de l'égalité. Nous reculerons plutôt que d'avancer vers l'inconnu. L'appréhension et l'horreur de l'anarchie nous rejetteront dans le despotisme.

Mais qu'y a-t-il à faire, aujourd'hui que le mal est si profond, pour ramener l'esprit public à la confiance, et par suite à l'amour des institutions démocratiques ? Tout le contraire de ce que vous faites.

Il faudrait vous séparer au plus vite, nettement, formellement, des inventeurs de systèmes, des utopistes, des sectaires, et vous arracher à l'influence des énergumènes qui soufflent dans vos cœurs aimans le venin de leurs passions haineuses. Il faudrait vous rapprocher de ces hommes de sens et de génie qui ne briguent point la popularité, qui ne s'offrent point à vos ovations, mais que la cause du Peuple a toujours trouvés prêts au sacrifice. Il faudrait témoigner par

votre attitude noble et pacifique, par vos ravaux assidus,
par le langage de vos journaux et surtout, aux jours d'élection, par le choix de vos candidats, que vous renoncez à
cette politique provocatrice qui, dans un pays courageux
comme la France, a pour unique effet de susciter des résistances opiniâtres et d'exciter contre vous un vigoureux esprit de réaction. Il faudrait éclairer l'opinion sur la mesure
de vos prétentions que l'on croit illimitées ; faire connaître
combien l'on vous calomnie en vous prêtant des ambitions

effrénées, des cupidités grossières, et des projets sinistres.
Il faudrait enfin prendre la peine de persuader vos concitoyens au lieu de les menacer ; les convaincre que vous
voulez la chose juste et possible, par les voies légales et dans
les conditions de temps sans lesquelles aucun gouvernement, quel qu'il soit, ne peut rien fonder de stable.

Pour cela, une seule chose suffirait : vous montrer tels
que vous êtes quand vous consultez librement, à l'abri des
conseils intéressés, vos consciences et vos cœurs.

Mais je m'arrête, peut-être en ai-je déjà trop dit. Peut-être ma parole franche vous déplaît et vous irrite ; alors je
garderai le silence. S'il n'en est point ainsi, si vous reconnaissez, au contraire, sous la froideur apparente de mon
langage une vive sympathie, nous reprendrons une autre
fois le cours de ces réflexions, qui nous conduiront à examiner plusieurs points importans de vos rapports avec l'état
présent de la société, avec le gouvernement légal, avec l'opinion publique.

Je ne vous apporterai pas de grandes lumières, mais un

amour ardent de la vérité. Etranger par ma position et par mon caractère, à toute ambition personnelle, le but unique de mes efforts, ma récompense suprême seraient de contribuer à affaiblir quelque peu, d'une part, les préjugés qui se dressent encore contre vous ; d'autre part, l'autorité funeste de ces sophismes, de ces utopies, de ces systèmes erronés par qui se sont altérées les pures clartés de votre raison, et cette droiture parfaite de cœur et d'esprit qui a fait, dans les jours immortels de Février, l'étonnement et l'admiration du monde.

XIV.

ÉLECTION DU PRÉSIDENT DE LA RÉPUBLIQUE.

—

A M. de Lamartine.

5 octobre.

La nomination du président de la République occupe en ce moment tous les esprits. Question de principe et de personne, elle intéresse au plus haut degré non seulement la prospérité et la tranquillité publiques, mais encore l'honneur national. Cette première épreuve solennelle de la souveraineté du peuple, si elle n'apportait à l'Europe curieuse et défiante un témoignage éclatant de notre maturité, resterait sur nous dans l'histoire comme un signe ineffaçable de confusion.

Je sais que votre fier génie, ne voulant point souffrir de supposition contraire à la vertu du principe démocratique, demeure à cet égard dans une sécurité parfaite, et n'admet pas que le bon sens français puisse, en des circonstances si importantes, ni dévier, ni tomber en proie aux artifices des factions.

Je souhaiterais pouvoir partager votre confiance ; mais, bien que le suffrage universel soit à mes yeux comme aux vôtres la base nécessaire de la société démocratique, bien qu'il contienne en germe, selon moi, tous les progrès de l'avenir, je le vois encore, quant à présent, soumis dans son exercice à des hasards incalculables ; et ces hasards imprévus, ajoutés aux difficultés de notre situation révolutionnaire, importunent ma raison qui les voudrait écarter.

Il ne faut pas se dissimuler un fait très grave, c'est le défaut d'équilibre entre nos institutions et nos mœurs ; entre les droits dont notre orgueil s'est fait un besoin et la capacité de les exercer, rendue à peu près nulle par l'insuffisance de notre éducation politique. Appelée brusquement, sans préparation aucune, à prendre une part directe aux affaires du pays, la classe pauvre en a conçu une sorte d'étonnement, presque d'effroi, une défiance d'elle-même surtout qui la livre aux influences les plus fâcheuses et donne prise aux plus téméraires ambitions.

Je sais que c'était là un mal inévitable ; car, tout en reconnaissant qu'un vaste système d'instruction publique aurait dû frayer les voies à la souveraineté du peuple, on ne peut nier que sans le suffrage universel aucun gouvernement n'aurait jamais senti la nécessité de cette éducation générale. Il a donc fallu sortir violemment d'un état auquel il n'était point de remède régulier. Mais pour avoir été inévitable et pour être transitoire, l'inconvénient, j'allais dire le danger, ne m'en paraît pas moins sérieux.

Écoutez M. de Genoude, il vous dira que le suffrage universel porte dans ses flancs la restauration d'Henri V. Les orléanistes y voient avec une même certitude le retour du comte de Paris. Quant aux partisans de Louis Bonaparte, ils se tiennent pour assurés de l'élection populaire au point de menacer l'Assemblée d'une invasion napoléonienne, dans le cas où elle prétendrait retenir le droit de nommer le président de la République.

Qu'y a-t-il de réel au fond de ces appréciations si contradictoires? Hélas! je vous le disais tout-à-l'heure, une ignorance politique dans les masses, et par suite une crédulité, dont toutes les ambitions remuantes se flattent de tirer parti.

L'Assemblée nationale qui a bien conscience de ce que présente de critique et d'anormal un tel état de choses, l'Assemblée qui a juré au Peuple de fonder la République, va délibérer sur le meilleur moyen de concilier l'intérêt du pays avec le droit acquis du suffrage universel. Elle va examiner la question de savoir si le président devra être élu par la masse entière des électeurs ou seulement par cette élite choisie au lendemain de Février dans un premier élan de patriotisme, et qui représente avec une fidélité si parfaite, dans leur expression la plus élevée, toutes les espérances légitimes de la nation.

Les esprits les plus judicieux semblent hésiter sur ce point. Quant à moi, vous l'avouerai-je, au risque de me trouver avec vous en dissidence complète, la question ne me paraît presque pas douteuse.

Dans les circonstances tout à fait extraordinaires où nous sommes placés, en butte à des factions irritées qui s'efforcent d'égarer l'esprit public encore inaffermi, la raison d'état doit primer les considérations philosophiques et commande une prudence restrictive à certains égards des principes de liberté et d'égalité consacrés dans le droit commun.

Votre éloquent génie a tout récemment entouré cette vérité d'une évidence éclatante, lorsqu'à propos d'une Chambre unique vous avez fait vos réserves pour l'avenir, ne jugeant que l'opportunité, l'utilité relative, la nécessité politique enfin. Eh bien! ces mêmes considérations militent, à mon avis, et plus fortement encore, en faveur de l'élection par l'Assemblée.

A quoi servirait, en effet, que la Constituante eût proclamé la République, si elle n'assurait la durée de nos institutions en remettant elle-même, dans la plénitude de sagacité dont elle a donné tant de marques, la première magistrature chargée de les défendre, aux mains d'un citoyen éprouvé ?

On objecte que le Président, élu ainsi par les délégués du peuple, n'aura pas à beaucoup près la même autorité morale que s'il tenait le pouvoir du suffrage direct et universel.

Prise d'une manière absolue, je ne fais aucun doute que cette considération ne doive déterminer à l'avenir le mode d'élection du chef de l'Etat. Mais relativement à l'heure présente, sa force est très atténuée par ce seul fait que l'Assemblée constituante est d'une nature tout exceptionnelle ; qu'elle tient de son origine et de sa mission des pouvoirs infiniment plus étendus, un caractère plus auguste que toutes les Assemblées qui lui succéderont ; tandis qu'au contraire la masse des électeurs, tiraillée en tous sens par les inquiétudes d'une crise révolutionnaire, divisée à l'infini, parce qu'aucun lien politique n'a eu le temps de se former entre les citoyens, cette masse flottante, un peu déconcertée, n'est pas aujourd'hui dans des conditions favorables à la parfaite maturité de jugement que suppose le choix du président de la République. Il est de la nature des institutions démocratiques d'améliorer promptement ces conditions de la vie politique d'un peuple. Il n'y a donc pas lieu de s'en alarmer beaucoup. Mais, sans rien exagérer, il ne faut pas nier l'évidence, et je craindrais fort que, dans les circonstances actuelles, l'élection du président par le vote universel n'eût pour unique effet de mettre à nu nos misères morales et particulièrement la division des esprits et l'éparpillement des volontés.

Nommé à une majorité très peu considérable selon toute apparence, le président, entouré de rivaux qui, l'ayant serré de près dans la lutte, resteraient désignés comme chefs aux mécontents, le premier président de la République arriverait au pouvoir avec une autorité précaire, amoindrie, presque douteuse comme la majorité qui l'y aurait porté. Cette prétendue sanction du vote universel ne serait que la triste constatation de nos querelles intestines.

C'est un mal assurément d'ajourner l'application d'un principe hautement reconnu ; mais s'il s'agissait, par exemple, d'épargner au pays la confusion d'un choix ridicule, votre grand instinct politique n'inclinerait-il pas vers cet ajournement, et la raison d'État ne l'emporterait-elle pas au dedans de vous sur la raison philosophique ?

N'avez-vous pas vu, hier encore, comment une faction active, s'emparant de l'imagination populaire, a escamoté, pour ainsi dire, au profit d'un homme, le culte sacré rendu à la mémoire du grand empereur ?

Ignorez-vous que, spéculant sur le sublime instinct du peuple, qui, dans la puissante simplicité de son cœur, nie la mort du génie et retient sur la terre ces ombres glorieuses que les poètes osent à peine évoquer dans d'inaccessibles Elysées, un parti plein d'audace présente à l'acclamation de la France un candidat dont la seule valeur est un nom ? Le peuple qui n'analyse ni n'examine, le peuple, qui n'a jamais cru sérieusement à la mort de Bonaparte, et qui a toujours préféré les calamités glorieuses de ce règne magique aux humiliantes prospérités des règnes bourbonniens, entendant tout à coup retentir ce grand nom enveloppé de silence pendant quelques années, frémit, s'agite, se passionne; sa magnanimité oublie tout ce qu'il a souffert ! Il ne se souvient que d'une chose : Waterloo et Sainte-Hélène ne sont pas vengés. Il faut que Bonaparte nous conduise à l'ennemi ; il faut que l'empereur soit président de la République !

Et n'allez pas croire qu'il y ait dans mes paroles la moindre trace d'ironie. Non ; je parle et je pense sérieusement, tristement. Cette infime condition de l'humanité qui se voit si souvent condamnée à exprimer un sentiment sublime par une folie, m'étonne et me consterne. Un rapprochement étrange se fait dans mon esprit.

Il y a bientôt huit années, j'assistais à un spectacle digne d'Athènes et de Rome. C'était l'hiver. La terre était glacée, les travaux suspendus, la campagne silencieuse dans sa morne beauté. Sur les eaux argentées de la Seine, un deuil triomphal s'avançait avec une solennelle lenteur. Un vaisseau lugubre, conduit par un fils le roi, glissait sur le fleuve. Les rameaux noirs des arbres enveloppés de givre étincelaient aux froids rayons du soleil comme des candélabres funéraires. Couvertes d'une population innombrable, les deux rives frémissantes se renvoyaient l'une à l'autre un vaste soupir La nature était grave, la France recueillie, Paris rouvrait son sein aux mânes d'un grand homme.

Puissance du génie, que tu m'apparus là mystérieuse, invincible, divine ! Quelle étreinte à travers l'Océan, de la vie et de la mort, de l'idéal et de la réalité ! Quelles énergies dans cette poussière d'où l'étincelle jaillissait encore après tant d'années et rallumait la passion au cœur de tout un peuple !

Pourquoi faut-il que je sois témoin aujourd'hui de l'égarement de cette passion sublime ? Mais silence ! Vous comprendrez ce que je ne veux point dire. Les déplorables possibilités que j'entrevois me serrent le cœur. Puissiez-vous dissiper mes appréhensions ; puissent-elles vous paraître chimériques ! Puisse la radieuse lumière de votre génie faire évanouir les fantômes qui hantent les obscurités de mon esprit

IMPRIMERIE EDOUARD PROUX ET Cie, RUE NEUVE-DES-BONS-ENFANS, 3.

LETTRES RÉPUBLICAINES.

XV.

A M. A.-L. MAZZINI.

Ahi ! serva Italia....

22 octobre.

Italie, Italie, fière outragée, debout ! n'entends-tu pas là-bas, au lointain horizon, par delà les monts et les eaux, par delà les plaines et les forêts, sur les rives dévastées du fleuve éperdu qui mugit, des cris, des hurlemens, des clameurs ? N'entends-tu pas le choc du glaive, le grondement du canon, le râle des mourans, le hennissement des cavales sauvages, et l'appel strident du clairon, et la voix lugubre, obstinée du tocsin qui se croisent et se défient dans l'air ?....

Ce sont les fléaux de Dieu déchaînés ; ce sont les hordes barbares, les races exterminatrices qui se ruent les unes sur les autres ; ce sont tes oppresseurs qui s'entre-égorgent aux lueurs sinistres de l'incendie. C'est la couronne de fer qui se brise et vole en mille éclats !

Debout, debout, défaillante Italie ! Le courroux céleste, l'ire toute-puissante t'a suscité d'étranges libérateurs ! Mystère impénétrable des conseils divins ! Les enfans d'Attila vengent l'outrage des fils du Dante !

Quelles espérances ne devez-vous pas concevoir, mon noble ami, vous dont l'intelligence suit d'une vue si ferme l'accomplissement du dessein providentiel sous les hasards et les contradictions apparentes de l'évènement humain ! Que ne devez-vous point attendre de cet immense ébranlement du sol germanique, depuis si longtemps prédit par vous, qui secoue le vieux trône de Hapsbourg, met à nu ses racines, abat son orgueil, et fait courir un frisson d'épouvante dans les rangs victorieux de vos dominateurs consternés ?

Les destinées de votre patrie, si témérairement hasardées, compromises, perdues, on aurait pu le croire, sur l'Adige et sur le Pô, par des fautes innombrables, se relèvent sur la Drave et sur le Danube. Éclairées par une cruelle expiation, ranimées à la voix de ces grands citoyens qui n'ont connu ni l'ivresse des illusions premières, ni le découragement de la défaite, Milan, Venise, Florence, Turin, se tendent une main fraternelle et préparent une sainte ligue désormais cimentée par le remords commun et la commune douleur.

C'est un grand bien de connaître son mal. L'Italie, rudement châtiée de ses divisions intestines, sait aujourd'hui pourquoi elle a succombé ; elle se juge, elle se condamne elle-même ; elle abjure de toute sa raison ces discordes insensées qui l'épuisent ; elle aspire à reconquérir par un puissant effort de patriotisme l'estime des nations et sa propre estime.

Honneur à ceux dont le langage réprobateur a dissipé les nuages dorés où se berçait l'imagination chimérique d'un peuple de poètes ! Honneur à ces patriotes austères qui, bravant l'impopularité, n'ont pas craint de gourmander en face les présomptions et les faiblesses de leurs concitoyens ! Vous n'avez pas eu une médiocre part, mon cher Mazzini, à cette tâche difficile et qui semblait au début si ingrate ; vous avez dit la vérité sans hésitation, sans ménagement ; plus que bien d'autres, assurément, vous avez droit de vous réjouir des heureux fruits qu'elle a déjà portés et des changemens salutaires opérés dans l'esprit public.

En relisant ces jours derniers le beau livre que vous publiiez il y a dix-huit mois, et auquel les événemens sont venus donner une autorité singulière, je me rendais compte mieux que je ne l'avais jamais fait des causes profondes, essentielles de vos grandeurs passées et de votre abaissement présent. Évoqué par vous, le génie italien m'apparaissait dans tout son prestige, dans cette grâce juvénile qui répugne au rude joug de la raison moderne. Je le voyais, dans l'ardeur créatrice de son catholicisme un peu païen, enfanter des œuvres merveilleuses de beauté, de sentiment, d'harmonie. Je le voyais imprimer à l'Europe ce sublime élan de foi et d'amour qui a entraîné et dominé la civilisation de trois siècles ; je contemplais avec ravissement la plénitude de cette énergie souveraine qui a donné au monde le Dante, Michel-Ange, Bramante et Raphaël.

Temps de splendeurs et d'enchantemens ! L'Italie, cette Grèce catholique, tenait alors, de droit divin, sans que nul osât le lui disputer, le sceptre idéal. C'était bien véritablement alors le *primato italiano*, que rêve encore, dans son patriotisme enthousiaste, malgré la brutale évidence des faits, votre illustre Gioberti. Prémuni par une logique plus ferme et par une méthode plus rigoureuse contre les illusions de l'amour-propre national, vous n'avez point comme lui confondu les temps, et votre raison solide a marqué avec justesse le moment historique où l'initiative du progrès échappe au génie italien. Ce moment, c'est celui de la réforme. A dater du jour où l'esprit d'examen ouvrit la période scientifique de la civilisation européenne, où la liberté d'investigation put faire brèche à l'autorité orthodoxe, le raisonnement au sentiment, dès cette heure fatale à la prépondérance de l'Italie, le mouvement des idées inclina vers un autre pôle et s'éloigna sensiblement de la source où les générations précédentes avaient puisé la vie intellectuelle.

Une autre sphère d'activité appelait à elle les forces civilisatrices. La mission religieuse et artiste de l'Italie était accomplie, son règne terminé. Trop pénétré de sa propre grandeur, trop ébloui de sa gloire, trop intimement uni au principe que venait attaquer la philosophie moderne, le génie italien refusa d'obéir à cette influence étrangère ; il ne put ou ne voulut pas entrer dans les voies révolutionnaires de la critique et de l'analyse. Il se replia en quelque sorte sur lui-même ; il demeura immobile, fier et dédaigneux ; pareil à cette *Nuit* immortelle du grand statuaire, il sembla, lui aussi, dire à la science nouvelle : « *Non mi destar...* »

Poursuivant avec une rigueur que l'on pourrait appeler implacable, tant elle devait coûter à votre patriotisme, les conséquences de cette première scission, vous avez sé...

plus fort d'un enthousiasme irréfléchi pour le nouveau pontife, heurter l'opinion publique et établir par une déduction sévère l'impuissance radicale de la papauté aussi bien à créer des institutions politiques en harmonie avec les besoins du temps qu'à procurer l'indépendance italienne. Vous avez montré la cause autrichienne et la cause papale inséparablement liées l'une à l'autre et leur intérêt identique, malgré les dissidences occasionnelles et les froideurs diplomatiques sur lesquelles des esprits d'ailleurs excellens fondaient des espérances dont l'évènement a fait, hélas ! prompte justice.

En effet, cet homme de bonne volonté qui n'a pas trouvé la paix, ce juste si digne d'un meilleur sort, nous l'avons vu se débattre avec une douloureuse énergie contre les inextricables lacs de la fatalité qui l'enserre sans en pouvoir rompre un seul. Ses cheveux ont blanchi, sa joue s'est creusée, son front s'est sillonné de rides, et plus d'une fois sans doute, dans ses veilles désolées, il s'est écrié avec son divin maître : « Mon père, mon père, pourquoi m'avez-vous abandonné !

C'est que la volonté d'un homme qui passe en quelques jours ne peut rien contre la logique immuable d'une institution séculaire ; c'est que la papauté est plus forte que les papes, et qu'elle les brisera tous plutôt que de s'assouplir au gré de leurs vœux. Quand donc l'Italie le comprendra-t-elle ? Ce sont les principes et non les passions qui gouvernent le monde.

Et ici, je touche avec vous au principal obstacle qu'a rencontré dans le passé le succès de la cause italienne Il est, non dans les circonstances extérieures, mais dans le caractère, dans les habitudes traditionnelles d'un peuple enthousiaste et sensible, qui, sous une inspiration exclusivement catholique, s'abandonne sans contrôle aux élans d'un tempérament impétueux qui ne tient guère compte des conjonctures, n'examine pas les moyens, n'apprécie point les hommes auxquels il livre plutôt qu'il ne confie ses destinées.

C'est encore chez vous une exception trop rare qu'une opinion rationnelle et une conviction fortement enracinée. Vous portez encore au forum plus de ferveur que de jugement ; sur le champ de bataille plus d'exaltation que de constance. On dirait que vous attendez de la politique les miracles de la légende et que, ne les voyant point éclater, vous perdez aussitôt confiance en vous-mêmes et en Dieu.

Un enseignement sérieux et viril, tel que celui qui ressort aujourd'hui des écrits de vos sages réformateurs et de la presse démocratique, a manqué trop longtemps au peuple italien. Les écoles libérales n'ont presque rien fait à cet égard, tout au contraire. Elles ont prêché de vagues théories ; elles ont fait appel à de plus vagues sentimens ; elles ont caressé surtout la vanité nationale qui s'est enflée outre mesure. Le libéralisme, et c'est là son plus grand tort, n'a pas su fonder chez vous une véritable opinion publique, ni formuler un symbole général supérieur à vos préjugés particuliers, à vos rivalités de provinces, a vos jalousies, à vos antipathies héréditaires. Votre éducation est donc toute récente, et jusqu'ici on peut dire que l'action a devancé la pensée ; c'est pourquoi vos efforts les plus héroïques n'ont abouti qu'à des succès éphémères, presque aussitôt suivis d'affreux désastres.

La conclusion que vous tiriez, à l'époque où paraissait votre livre, d'un état de choses aussi fâcheux, et la juste défiance que vous inspirait l'antipathie instinctive du génie italien pour le progrès rationnel et scientifique de l'esprit moderne, semblait ajourner indéfiniment tout espoir d'affranchissement pour votre infortunée patrie. L'Italie a perdu le droit d'initiative dans les révolutions contemporaines, disiez-vous ; soumise alternativement aux influences contradictoires de l'Autriche ou de la France, elle n'a plus de mouvement qui lui soit propre, et n'avancera que le jour où la révolution démocratique, devenue européenne, universelle, l'entraînera avec elle dans un irrésistible courant. Jusque là toute révolte sera prématurée, tout effort téméraire ; tout soulèvement retombera vaincu.

En pensant et en parlant ainsi, votre cœur était rempli d'amertume et vous n'espériez pas sans doute entendre jamais sonner l'heure de la délivrance ! Eh bien, mon ami, les événemens se sont pressés de telle sorte qu'ils dépassent de bien loin nos plus audacieuses prophéties. La révolution n'est plus française, elle est européenne. Tout se hâte, tout se précipite.

Différer, délibérer, choisir l'instant, n'est plus au pouvoir d'aucun homme ni d'aucun peuple.

D'heure en heure, de minute en minute, l'imprévu, l'invraisemblable, l'impossible, se réalisent. Le travail d'un siècle se fait en une journée. Ouvriers de la liberté italienne, n'attendez pas que le soleil décline...

Et cette fois, si Dieu et l'honneur ne se sont pas retirés d'elle, la France aura pour vous plus que des vœux stériles. Les intérêts bien entendus de notre politique autant que nos sympathies naturelles nous commandent de vous venir en aide autrement que par une médiation *placide* et dérisoire, autrement que par des phrases de chancellerie. Mais dussions-nous encore, comme par le passé, étouffer nos meilleurs instincts pour obéir servilement aux suggestions d'une fausse prudence, le secours vous viendra d'ailleurs. Vos ennemis d'hier sont vos alliés d'aujourd'hui ; le sabre des magyars ne rentrera pas au fourreau que l'Italie ne soit délivrée.

Aux armes donc, Lombards, Toscans, Piémontais et Romains ! vos fautes sont expiées ; vos courages retrempés ; vos soupçons, vos jalousies, éteintes dans le sang.

Italie, Italie, fière outragée, debout !...

XVI.

AU PEUPLE-ÉLECTEUR.

—

9 novembre.

L'heure approche. Elle est grave et solennelle. Pour la première fois, dans l'histoire du monde européen, une nation grande par l'étendue de son territoire, grande surtout par la noblesse de ses origines, la gloire de ses annales et l'importance du rôle qu'elle a joué toujours dans les destinées de la civilisation, la France se voit appelée à élire, selon le mode le plus radical qui ait jamais été pratiqué, le magistrat suprême auquel elle entend confier la garde et le soin de la chose publique.

Une telle heure n'a rien dans le passé qui l'égale ; rien, à coup sûr, dans l'avenir, n'en saurait effacer la mémoire, car elle ouvre une ère entièrement nouvelle ; elle marque le premier acte décisif de la souveraineté populaire, constituée dans son extension la plus étendue, appliquée dans sa concentration le plus expressive.

Sous l'œil jaloux des dynasties et des aristocraties européennes dont nous avons bravé les colères, en présence des héros, des confesseurs, des martyrs de la liberté qui attendent de nous la glorification ou la confusion de leur foi, la démocratie française va porter témoignage pour ou contre elle-même, donner la mesure et livrer le secret de sa force ou de sa faiblesse. Par un nom propre, elle va personnifier ses principes, rendre sensible le caractère qu'elle assigne à la révolution de Février, incarner en quelque sorte dans un homme sa volonté et son génie.

Aussi, que de regards fixés sur nous ! Depuis les glaces de la Néwa jusqu'aux laves du Vésuve, des bouches du Danube aux bouches du Rhin, gouvernemens et peuples, oppresseurs et opprimés, malgré la violence de leurs luttes intestines, suivent avec anxiété toutes les variations de l'esprit public en France, connaissant, par une expérience récente, le contrecoup qui les frappe à chacun de nos chocs politiques.

La Russie, cette ennemie insaisissable et partout présente, cette menace muette que Bonaparte voulut en vain refouler dans ses steppes et bannir de notre horizon, la circonspecte et convoiteuse Russie épie nos fautes, en calcule les suites et commence à espérer que nous nous serons mis bientôt nous-mêmes hors d'état d'entraver les desseins qu'elle couve depuis un demi-siècle.

À Potsdam et à Olmütz, les souverains, traîtres à leurs promesses, s'applaudissent de leurs perfidies ou se consolent de leurs revers en voyant la Révolution française incertaine, embarrassée, à la veille peut-être de se donner par sa propre voix un honteux démenti.

L'Angleterre, plus dédaigneuse, ouvre en souriant des paris pour ou contre nos prétendans...

Là où règnent les pouvoirs anciens, on souhaite de constater bientôt l'affaiblissement de notre sens et de notre vertu politiques par l'impéritie ou l'indignité de notre choix. Dans tous les lieux où respirent les libertés nouvelles, on fait des vœux ardens pour que ce choix tourne à l'honneur de la démocratie.

Les circonstances dans lesquelles nous allons voter sont par malheur beaucoup plus favorables aux espérances de nos ennemis que propices aux vœux de nos amis. Le moment fixé est trop éloigné ou trop proche. Plus tôt, nous aurions eu selon toute apparence, un spectacle analogue à celui que présentèrent les États Unis d'Amérique en nommant par acclamation reconnaissante un citoyen qui possédait l'estime universelle. Plus tard, les irritations et les impatiences accidentelles du pays s'étant apaisées, on aurait apprécié avec plus de calme et d'équité la valeur des hommes, comparé les services rendus, les gages donnés, les droits acquis. Aujourd'hui, hélas! il est bien à craindre qu'un très petit nombre seulement accomplisse avec scrupule ce devoir civique. Les masses, si rien ne change d'ici au 10 décembre, voteront aveuglément par lassitude, pour en finir avec le provisoire, pour protester contre les gouvernemens successifs auxquels on attribue le malaise général Aussi les prétentions les moins justifiées en temps ordinaires ont-elles leur chance. Quand le peuple français se dépite contre ceux qui le mènent, il n'est pas d'extravagance dont il ne soit capable.

Les candidats sont nombreux et divers. De M. le maréchal Bugeaud à M. Raspail le parcours de l'opinion est vaste, et bien des aberrations y trouvent accès. Il serait long et superflu de les énumérer. Bernons-nous à examiner les titres des candidats sur lesquels se porte plus particulièrement l'attention publique. Jusqu'ici et sauf les brusques reviremens qu'il faut toujours prévoir dans un état aussi anormal que le nôtre, MM. Ledru-Rollin, Lamartine, Cavaignac et Louis Bonaparte se placent en première ligne.

Après de longues négociations, plusieurs fois rompues, après des réserves mutuelles et des précautions prises pour l'avenir, les deux grandes fractions du parti radical, les montagnards et les socialistes, sont tombés d'accord de nommer M. Ledru-Rollin. Si donc rien ne vient rompre une coalition formée par l'ascendant de quelques chefs plutôt que par de réelles sympathies, si aucune rivalité individuelle ne surgit qui brise une trame encore fragile (1), M. Ledru-Rollin peut compter sur les voix de tout ce qui, avec plus ou moins de clairvoyance et d'ardeur, veut la République démocratique et sociale.

Cette préférence s'explique en majeure partie par la bienveillance personnelle qu'inspire l'ex-ministre de l'intérieur. Cet homme sans fiel dont les provinces ont fait un terroriste et que ses flatteurs, après boire, ont parfois salué du nom de Danton, ce croque mitaine des enfans de la bour-

---

(1) Au moment où j'achève cette lettre *la trame fragile* est déjà rompue; la candidature de M. Raspail adoptée par les socialistes, vient encore diminuer les chances de M. Ledru-Rollin.

geoisie, est le meilleur cœur, le plus exempt de haine, le plus facilement ému qui fût jamais. Conspirateur confiant, ministre paresseux, bon camarade politique surtout, il n'éveille chez ceux qui l'approchent aucune de ces inquiétudes vagues ni de ces espérances illimitées qu'une personnalité puissante et mystérieuse par cela même qu'elle est puissante, répand autour d'elle. Il est aisé à chacun de lire dans cette existence ouverte à tous les regards; on n'y découvre aucune mauvaise passion, mais il n'y faudrait pas chercher davantage les hautes conceptions, le dessein médité et suivi des hommes d'Etat.

Orateur longtemps médiocre, M. Ledru-Rollin, électrisé en ces derniers temps par l'atmosphère orageuse qui grondait au dessus de nos têtes, a eu des élans d'une entraînante éloquence. Dans les banquets réformistes auxquels il donna, malgré M. Barrot, une impulsion républicaine, et dans la dernière discussion de l'Adresse, on l'a vu parfois égaler les tribuns de la Convention. La reconnaissance du peuple et l'influence de la *Réforme*, qu'il avait contribué à fonder, l'ont porté, et c'était justice, au Gouvernement provisoire.

Là, des embarras de plus d'un genre attendaient M. Ledru-Rollin. Là commencèrent des perplexités et des oscillations que l'on n'a peut-être pas très bien jugées à distance. Placé entre le mouvement socialiste dont M. Louis Blanc était le chef, et l'action modératrice de M. de Lamartine; poussé par ses antécédens vers l'auteur de l'organisation du travail, mais aussitôt refoulé par ce dogmatisme systématique qui répugnait à ses instincts; captivé par la supériorité de l'historien des Girondins, mais tenu en garde contre ce penchant par les suspicions de son parti, M. Ledru-Rollin a obéi tour à tour à ces courans opposés. Les modérés ne lui pardonneront jamais les *bulletins* ni les *commissaires*; les socialistes, plus généreux ou plus politiques, oublient en ce moment le rappel du 16 avril et la marche du 15 mai contre l'Hôtel-de-Ville.

D'où vient cette mansuétude inaccoutumée? J'en demande pardon à M. Ledru-Rollin, mais je crois qu'il en faut chercher le secret dans l'idée qu'on se fait, non de sa force, mais de sa faiblesse. A l'aide de quelques précautions prises contre ses inconséquences à venir, le parti ultra radical et ultra socialiste compte se servir de lui comme d'un instrument facile à briser, le jour où il deviendrait inutile ou rebelle. D'ailleurs, comme on ne peut sérieusement espérer la majorité des suffrages, la candidature de M. Ledru-Rollin a plutôt un sens négatif et de protestation qu'un sens positivement politique ; l'engagement pris avec lui ne tire point à conséquence.

La candidature de M. de Lamartine se ressentira, comme celle de M. Ledru-Rollin, quoique par d'autres motifs, de l'impopularité où sont tombés momentanément le Gouvernement provisoire et la commission exécutive. Cependant l'estime qui s'attache à la personne de M. de Lamartine lui assure un grand nombre de voix venues à lui de toutes parts, spontanément, sans intrigue ni mot d'ordre, attirées par son génie. La reconnaissance des républicains pour sa coopération sincère et courageuse à la fondation de la République et pour le respect qu'il a gardé, étant au pouvoir, de toutes nos libertés, dont aucune n'a péri entre ses mains, lui vaudront bien des suffrages indépendans du parti radical ; tandis que parmi les partisans exclusifs de l'ordre établi il en est plus d'un qui voudra récompenser en lui le défenseur éloquent de la propriété et de la paix.

Si, comme il est à croire, M. de Lamartine, n'arrive pas plus que M. Ledru-Rollin à la majorité, il comptera du moins des votes nombreux et flatteurs ; il passera, pour emprunter ses propres expressions, la revue de cette grande amitié que lui garde, à travers toutes les fluctuations de la popularité, une élite fidèle. Donner sa voix à M. de Lamartine, c'est faire une protestation honorable en faveur de la liberté contenue, du progrès modéré, de la politique généreuse, contre l'arbitraire ou la licence.

Une troisième forme de protestation contre les tendances actuelles du Gouvernement ou contre la présidence quelle qu'elle soit, c'est l'abstention. M. Proudhon et ses partisans se refusent, dit-on, à voter, ne trouvant nulle chose ni nul homme à leur gré dans la société actuelle. Au point de vue philosophique, ces électeurs in partibus sont peut-être plus voisins de la vérité qu'aucun de nous ; mais l'expérience l'a mille fois démontré, les vérités absolues de la philosophie sont les erreurs les plus dangereuses de la politique ; la logique outrée mise en pratique est l'antipode du sens commun.

En dehors de ces protestations plus ou moins notables, le combat réel, la lutte active va s'engager, ou plutôt elle est déjà engagée, avec une grande vivacité, entre le général Cavaignac et M. Louis Bonaparte.

Chacun peut se rappeler sans peine, car l'époque n'en est pas éloignée, l'assentiment universel qui, à la suite des journées de juin, ratifia l'élévation du général Cavaignac. J'ai dit alors (1) par quels motifs les différens partis qui divisent l'Assemblée et le pays, s'accordant sur ce point, trouvaient dans le caractère honorable, dans la réputation sans tache, dans les principes républicains du nouveau président du conseil, et dans la répression victorieuse d'une formidable insurrection, des garanties de diverse nature qui faisaient espérer, si ce n'est une conciliation, du moins une cessation d'hostilité momentanée entre les opinions extrêmes. Les républicains qui avaient pu craindre de voir la réaction monarchique s'emparer du pouvoir étaient rassurés. Les hommes sensés, qui, sans passion pour la République, comprennent qu'elle est aujourd'hui l'arche de salut de la société, s'applaudissaient de la voir conduite par un homme étranger aux factions, décidé à résister à la violence, considéré à l'étranger, et qui, sans posséder ces qualités brillantes dont les naissantes démocraties s'effarouchent, avait donné en maintes circonstances des preuves de jugement solide et de bonne administration. Cette concordance des opinions n'a pas été de longue durée. Bientôt, au sein des difficultés croissantes d'une situation où aucun de ses devanciers n'avait pu échapper au reproche d'inconséquence, le général Cavaignac parut, au gré des partis, faire trop ou trop peu dans un sens ou dans l'autre.

« Il y a quatre choses insatiables, qui ne disent jamais assez, » dit le philosophe d'Israël. Si le grand roi Salomon avait vécu de nos jours, il en eût ajouté une cinquième : la passion politique.

La passion réactionnaire ne se contenta pas longtemps des

satisfactions que lui donnait le général Cavaignac. Elle en vint à ne lui tenir compte ni de l'état de siége, ni de la transportation, ni de la suspension des journaux, ni du camp dans Paris, ni de la fermeture des clubs, ni de la paix maintenue avec l'étranger ; en voyant arriver au ministère MM. Dufaure et Vivien elle ne dit point encore : *Assez!* Il lui faut davantage ; nous allons voir tout à l'heure ce qu'il lui faut.

D'un autre côté, et avec plus de raison, les républicains s'indignaient de la surabondance des mesures préventives et répressives, et de l'esprit exclusivement militaire dont s'inspirait le nouveau Gouvernement. Injustice des deux parts, mais criante surtout de la part des passionnés de l'ordre, qui ne tarderont pas à regretter, dans l'inconnu où leur impatience va peut-être nous jeter, un pouvoir dont les intentions étaient loyales, l'administration intègre, les fautes réparables, et dont les vues, étroites sans doute, mais fixées à un but honnête, donnaient le temps au pays de s'accoutumer à la forme républicaine, à la pratique de ses nouveaux droits, à la stabilité enfin dont nous avons si totalement perdu le sentiment.

Prétendre davantage dans la confusion d'idées où nous sommes est démence ; une démence plus grande encore serait d'attendre quoi que ce soit de l'avénement au pouvoir de M. Louis Bonaparte.

Personnellement inconnu à la France, je me trompe, connu par deux aventures ridicules auxquelles le bon sens populaire a laissé le nom d'*échauffourées* de Strasbourg et de Boulogne, le neveu de l'empereur semble se faire un titre suprême de cette absence de titres sérieux à la confiance publique. Ses partisans, jugeant avec justesse qu'ils ne parviendraient pas à déguiser une nullité avérée depuis vingt ans et qui d'ailleurs se trahit au premier coup d'œil dans les traits effacés, le geste incertain, le regard vague et jusque dans l'accent équivoque de leur candidat ; voyant qu'il fallait renoncer à lui faire exprimer dans un langage supportable une idée quelconque, ont imaginé, ce qui ne s'est vu qu'aux temps de corruption et de décadence des empires, de vanter à la nation la plus intelligente du monde cette nullité même. Comme s'ils avaient affaire au peuple des grenouilles, ils nous disent avec un imperturbable aplomb :

Vous êtes las d'agitation et de troubles? Prenez un soliveau : rien de plus pacifique. Le soliveau ne gouvernera pas ; rare, précieux avantage ! Il laissera gouverner autrui. Or, autrui, dans la tactique des meneurs d'intrigue, c'est celui à qui l'on parle ; c'est vous, c'est moi, c'est tout le monde. Un président qui préside et ne gouverne pas, admirable variante du programme de 1830 qui a décidé sans doute le surprenant concours de M. Barrot, l'enthousiasme de la rue de Poitiers, la *neutralité bienveillante* de M. Thiers.

On assure également que cette perspective du *soliveau* a beaucoup d'attrait pour le parti légitimiste qui d'ailleurs professant depuis longtemps cette maxime : que la Providence fait sortir du plus grand mal le plus grand bien, est chrétiennement engagé à procurer autant que possible ce pire état d'où naîtra le souverain bien, autrement dit, la restauration d'Henri V.

Il y aurait peu de clairvoyance toutefois, et beaucoup de cet entêtement de parti dont j'ai à cœur de me défendre, à ne pas reconnaître que les chances de M. Louis-Bonaparte ne sont pas seulement l'œuvre de l'intrigue mais qu'elles se fondent sur l'opinion libre d'une classe très nombreuse, sur la disposition d'esprit du peuple des campagnes et même d'une fraction de la classe ouvrière des villes.

Les campagnes sont mécontentes. L'impôt des 45 c. et la crainte du partage des terres qui s'est emparée de l'imagination des paysans ont soulevé contre la République une colère peu réfléchie, mais d'autant plus opiniâtre. Généralement taciturne, le paysan goûte peu les assemblées délibérantes ; la liberté de la presse, dont il n'use jamais, n'a pour lui aucun charme ; ce qu'il veut avant tout, c'est un pouvoir fort qui lui garantisse la jouissance et la transmission de sa propriété. Or, ses notions politiques ne lui permettent pas de concevoir le pouvoir autrement que sous la forme personnelle ou monarchique.

Mais comme il a vu en ces derniers temps deux monarchies tomber sans résistance, il se méfie des restaurations bourbonniennes ; il pense qu'un empereur seul, un nouveau Napoléon aura la main assez ferme pour réduire les bavards au silence et faire rentrer sous terre les communistes ou *partageux*, c'est ainsi qu'il les appelle. Il ne faut pas s'y tromper, ce n'est pas un président, ce n'est pas un citoyen nommé Louis Bonaparte, que les paysans vont élire, c'est un empereur, mieux que cela, c'est l'*empereur* ; l'empereur en redingote grise et en petit chapeau ; l'empereur d'Austerlitz, l'empereur de Béranger surtout, car c'est la chanson du poëte qui a ouvert au grand capitaine la porte des chaumières ; c'est par Béranger, ce rhapsode familier de l'histoire impériale, que les batailles de Napoléon sont devenues l'Iliade du peuple.

La préoccupation des dangers dont la propriété se croit menacée, préoccupation qui est pour beaucoup dans la réaction contre le principe républicain, influe aussi, sans peut-être qu'ils en aient conscience, sur le vote des Orléanistes et des légitimistes. Les uns et les autres en faisant alliance, estiment d'un bon exemple que le principe de la transmission héréditaire triomphe en politique, c'est une garantie de plus pour l'hérédité des biens, et d'ailleurs chacun espère que le droit de naissance une fois rétabli et sanctionné par l'élection de M. Louis Bonaparte, il ne sera pas malaisé, vu l'incapacité du personnage, de faire remonter l'application du principe à qui de droit, c'est à dire, selon ceux-ci, au comte de Paris, selon ceux-là, à Henri V.

Calculs insensés, erreurs déplorables de tous les partis qui travaillent sans le vouloir au profit d'une coterie. « Ces alliances, a dit autrefois M. Thiers, ne sont qu'une réciproque duperie. Ceux qui croient y gagner y perdent la considération publique. » (1).

Les populations rurales qui veulent une dictature seront cruellement déçues le jour où, par leur faute, le pouvoir passera aux mains indécises d'un homme qui n'a jamais occupé d'autre fonction politique que celle de constable, et qui, à défaut d'expérience, ne possède ni le génie qui devine, ni l'autorité qui s'impose.

Incapable de tenir unis les hommes d'État dont le concours anormal favorise ses projets, M. Louis Bonaparte se verra bientôt désavoué, abandonné dans son impuissance à la risée de l'Europe, à l'indignation du pays trompé.

L'armée, humiliée d'obéir à un chef qu'elle n'a jamais vu

---

(1) La monarchie de 1830.

dans ses rangs, se divisera. Dans des camps séparés, elle servira des ambitions militaires qu'il n'est pas difficile d'entrevoir déjà, ou refusera, le cas échéant, de marcher contre les anarchistes. La Bourse, épouvantée à la seule annonce de l'élection de M. Bonaparte, nous présage ce que deviendront nos finances sous cette restauration impériale qui nous ramène tous les inconvéniens des restaurations : les dévoûmens à récompenser, les idées d'un autre temps, la morgue d'une camarilla, d'une émigration ridicule où l'on se traitait entre soi d'Altesse et de Majesté, et qui sait? un protectorat étranger, peut-être ?

Electeurs, songez-y devant Dieu. Il y va de l'honneur de la France.

« Puisse le ciel, s'écriait dans un temps analogue au nôtre, une femme de génie (1), ne pas permettre qu'une si belle révolution n'ait été faite que pour quelques factieux au détriment du bon Peuple qui n'avait besoin que de soutien pour se perfectionner ! »

Peuple électeur, méditons ces graves paroles ; rentrons en nous-mêmes ; recueillons nos pensées ; élevons nos cœurs au dessus de nos préférences et de nos antipathies personnelles, au dessus de l'esprit de parti, au dessus de toutes les considérations légitimes mais subalternes. Faisons taire un moment nos passions ; ne prenons conseil que de la raison et de l'honneur. N'oublions pas que nous allons écrire une page ineffaçable de notre histoire. Songeons que nous avons le monde pour témoin et la postérité pour juge.

Sursum corda !

(1 Madame Roland.

IMPRIMERIE ÉDOUARD PROUX ET C⁰, RUE NEUVE-DES-BONS-ENFANS, 3.

LETTRES RÉPUBLICAINES.

XVII.

DU MOUVEMENT RÉVOLUTIONNAIRE
EN ALLEMAGNE.

A M. *Hermann de Courteilles*,

15 Novembre.

Vous voulez connaître ma pensée sur le mouvement révolutionnaire en Allemagne? C'est une prophétie que vous me
demandez, car vous parlez du moment présent de la crise
serait vous peindre le chaos; l'avenir seul, et un avenir encore éloigné, je le crains, verra surgir un monde organisé
du sein de cette lutte convulsive de forces aveugles. Eh
bien donc, va pour la prophétie! Comme on ne lapide
plus en Israël ni les vrais, ni les faux prophètes, je ne vois
d'autre inconvénient à vous communiquer mes *visions* que
de vous les entendre traiter de chimères, chose à laquelle
je suis accoutumé de longue date par mes amis politiques,
dont le sourire incrédule a raillé constamment depuis plusieurs années ma voix de Cassandre toutes les fois que je me

hasardais à parler d'une révolution prochaine, terrible et sanglante dans l'État germanique.

Couvée longtemps dans des profondeurs inaccessibles à nos regards dédaigneux et distraits, la révolution allemande éclate enfin sur toute l'étendue du territoire, étreignant simultanément tous les problèmes que nous avons tranchés un à un ; mettant aux prises, dans une épouvantable mêlée, race contre race, secte contre secte, classe contre classe, monarchie contre république, féodalité contre communisme.

Vous comprendrez combien, à mes yeux, la lutte est complexe, acharnée, et peu voisine d'une solution, si je vous dis que l'établissement d'une république démocratique et fédérative des États-unis d'Allemagne peut seul y mettre fin. Jusque-là, et Dieu sait quelles années calamiteuses vont passer auparavant sur les générations vouées au sacrifice, nous verrons les ruines s'entasser sur les ruines, les cadavres sur les cadavres ; le vertige s'emparer de toutes les têtes et précipiter vaincus et vainqueurs dans un commun abîme.

L'unité, telle est la tendance des classes éclairées et le besoin confus des masses en Allemagne, depuis bientôt un quart de siècle.

Le parlement de Francfort et l'étrange restauration entreprise par lui d'un empire romain sont l'expression énigmatique de ce besoin très général mais très vague encore. Cette première formule unitaire, précisément par ce qu'elle présentait de vague, parut rallier au début les opinions et les intérêts opposés. On vit avec surprise Frédéric-Guillaume IV, vivement blessé pourtant par l'élection d'un archiduc autrichien, arborer les couleurs allemandes, dans l'espérance sans doute que, protégé par le drapeau national, il se sentirait plus fort contre la démocratie prussienne.

De son côté, le parti radical applaudissait à un essai d'unité monarchique qui, selon lui, frayait les voix à l'unité républicaine ; mais l'accord fut de courte durée.

L'Assemblée de Francfort où dominait ce parti mixte si funeste dans les temps révolutionnaires, qui veut et ne veut pas, qui reconnaît les principes pour en détourner les conséquences, commit faute sur faute. Au lieu de s'interposer avec sagesse dans la querelle des peuples et des rois, d'établir un arbitrage suprême, de contenir l'impatience des uns par une protection efficace, et d'éclairer les autres de façon à leur arracher à temps les concessions utiles, l'Assemblée, en proie à des idées de conquêtes au moins intempestives, ne songea qu'à menacer le Danemarck, la Hollande, l'Italie et n'organisa d'autre unité en Allemagne que l'unité militaire, satisfaite d'avoir en quelques mois remis un cadre de 900,000 hommes à la disposition d'un archiduc d'Autriche. Par cette faute immense et par toutes celles qui en furent le corollaire inévitable, l'Assemblée perdit au bout de très peu de temps la confiance du pays. Elle tomba dans un discrédit analogue à celui où la Diète germanique qu'elle remplaçait avait achevé sa triste carrière. Aujourd'hui l'Assemblée de Francfort isolée, sans autorité morale, ne représente plus la nation ; l'opinion publique lui retire sa force ; le pouvoir central ne peut plus désormais que prolonger et compliquer la lutte.

On l'accuse, à l'heure où je vous écris, d'encourager en Prusse les tentatives coupables du roi pour ressaisir le pouvoir absolu. Là aussi, quel que puisse être le succès accidentel, dût Berlin succomber comme Vienne dans ses efforts héroïques, l'issue finale n'est pas douteuse. Eteinte dans le sang sur un point donné, la flamme révolutionnaire éclatera plus intense sur un autre. Les baïonnettes seront lassées avant les poitrines, le canon avant le tocsin.

Vous vous rappelez la convocation des états-généraux à Berlin, le 11 avril 1847. Par cette condescendance aux vœux du peuple, le roi de Prusse semblait vouloir entrer dans des voies libérales et le parti constitutionnel, composé d'hommes éminens de la noblesse et de la bourgeoisie, se flattait de parvenir sans trop de peine à organiser l'Etat prussien sur le modèle des gouvernemens représentatifs de l'Angleterre ou de la Fran-

ce. J'ai raconté ailleurs (1) comment la loyauté un peu timide des Etats-Généraux s'était vue jouée, outragée par un
monarque de caractère provocant et d'esprit versatile ; comment ces conflits et ces malentendus entre les constitutionnels et le roi avaient jeté le pays dans la crise révolutionnaire. Aujourd'hui, Frédéric-Guillaume a irréparablement
compromis sa cause. Le dernier prestige qu'il tenait de son
rang et des espérances données dans sa jeunesse s'est éva-
noui. Méprisé par le peuple, brouillé avec le Parlement, ir-
rité de plus en plus et poussé aux mesures extrêmes par le
prince royal et la cour, il ne peut plus compter que sur les
coups d'Etat et l'armée. Or, chacun sait ce qu'il faut attendre des coups d'Etat d'un prince faible, et pour qui connaît l'organisation de l'armée prussienne, il est aisé de prévoir qu'on ne parviendra pas longtemps à séparer la cause
du soldat de la cause populaire. Ajoutez à ces ferments de
révolution politique un communisme invétéré dans la classe
ouvrière fanatisée par l'esprit des sectes ultra-protestantes ;
l'exaspération des paysans contre les châteaux dans toutes
les provinces où les droits féodaux sont encore en vigueur ;
les préjugés de la noblesse, les colères de la bourgeoisie, et
vous jugerez si une conciliation est encore imaginable, s'il
est d'autre perspective prochaine pour le royaume de Prusse
qu'une interminable anarchie.

Quant à l'Autriche, le travail de dissolution est si avancé
et si apparent qu'il n'est pas besoin d'y insister. Aucune
puissance humaine ne peut plus rétablir l'unité artificielle
des Lombards, des Slaves, des Magyars et des Germains.
On affirme qu'en désespoir de cause, les politiques Autri-
chiens voudraient créer à Prague un empire slave au profit
de ce chétif empereur dont le front déprimé ne peut porter

<hr />

(1) Histoire des Etats-Généraux de Prusse, *Revue indépen-
dante* des 25 avril, 10 juin et 25 juillet 1847.

la couronne, et dont les infirmités sont si mal cachées sous l'ampleur du royal manteau. Quel aveuglement de supposer que cette hautaine et belliqueuse race slave va se laisser conduire par une main débile, impuissante à tenir le glaive ! Quelle démence de remettre à une camarilla le soin de fonder un empire !

Non ! la fiction des rois qui règnent et ne gouvernent pas est quelque chose de beaucoup trop subtil pour maîtriser la révolution déchaînée en Allemagne. Le sophisme constitutionnel est à tel point dépassé par le mouvement de l'opinion, qu'aucun homme d'État, fût-ce un Machiavel, n'en saurait plus espérer le moindre effet ; cette phase du progrès politique a été si totalement méconnue par les princes, qu'il est trop tard pour y pouvoir rentrer.

Un effort suprême à cet égard va être tenté à Francfort ; mais il n'appartient ni à une Assemblée usée déjà par ses fautes innombrables, ni à un archiduc d'Autriche, homme d'excellent cœur, mais de faible capacité, de triompher à la fois de la résistance des masses et de la résistance des individus, du mauvais vouloir des rois et de cette logique fatale de la réformation protestante qui entraîne tout dans un courant irrésistible parce qu'il est parti des hauteurs religieuses ; courant qui ne s'arrêtera plus qu'au protestantisme politique le plus radical, c'est-à-dire à la souveraineté du peuple proclamée sur la ruine des trônes.

En présence de tous ces élémens de la révolution allemande, la politique de la République française était simple. Son honneur et son intérêt, chose rare, se trouvaient d'accord et lui dictaient une attitude réservée, mais sympathique à l'affranchissement des peuples.

Écrit sous cette inspiration, le manifeste du Gouvernement provisoire avait produit partout, dans les provinces rhénanes en particulier, un excellent effet. L'Allemagne, toujours en défiance de notre esprit de conquête, se sentait rassurée et se félicitait de pouvoir compter sur notre alliance le jour où la Russie qu'elle exècre voudrait intervenir dans la lutte.

En effet, ce sera là, selon toute vraisemblance, la crise suprême de la révolution allemande. Quand les rois et les gouvernemens constitutionnels seront aux abois, la Russie qui épie et saura créer au besoin le prétexte d'une guerre de race, jetera ses masses formidables sur le Danube et sur la Vistule : alors un grand cri retentira sur le Rhin ; tous les regards se tourneront vers nous et, selon la prophétie de Napoléon, il faudra que l'Europe devienne cosaque ou républicaine.

Ce jour qui pourrait ouvrir une phase héroïque de notre histoire, comment nous trouvera-t-il préparés ? Quel ascendant aurons-nous su prendre au dehors ? Quelle force intime puiserons-nous dans nos institutions et dans nos mœurs régénérées ? Qu'aura fait notre Gouvernement pour rallier les partis, améliorer le sort des classes laborieuses, nous rendre enfin cette vie puissante dont le principe est dans l'institution républicaine bien comprise, hardiment, largement développée ?

A cette heure réparatrice où les traités des rois seront mis en lambeaux par l'équité des peuples ; en ce jour qui changera la géographie européenne et recomposera organiquement, selon les aggrégations naturelles, la République occidentale, notre grande patrie saura-t-elle remplir sa mission, jeter dans la balance son glaive et sa parole ?.... Je le souhaite plus que je ne l'espère !

Jusqu'ici, une armée ruineuse occupée à réprimer l'émeute dans nos rues ; une diplomatie ignorante, subalterne, plus timide mille fois que la diplomatie de Louis-Philippe, nous présagent bien peu de gloire dans cet avenir qu'on semble ne pas même soupçonner. Tout éloigné qu'il soit, je crains qu'il ne nous surprenne encore, et qu'il ne nous faille expier chèrement notre incurie et l'abandon de nos principes.

Mais j'ai presque un remords de jeter ces appréhensions

dans la sphère sereine où vous accomplissez, depuis tant d'années, une œuvre de rénovation pacifique. Je ne me par; donnerais pas si ma parole découragée venait vous distraire un seul instant de cette œuvre sainte à laquelle vous avez voué votre âme confiante. Pendant que nous rêvions et que nous disputions sur des systèmes et des utopies, vous, sans tant parler, vous avez agi. Aujourd'hui, les bénédictions d'un peuple-enfant rendu par vos soins à la liberté, à l'honneur, au travail (1), préservent votre solitude du bruit tumultueux de nos discussions et de l'agitation de nos luttes politiques. Pardonnez à l'hôte importun qui trouble la retraite du sage ; oubliez des lignes dictées par un esprit trop chagrin, sans doute; ne vous souvenez que de l'amitié inaltérable qui vous les adresse.

_____

(1) Colonie agricole et pénitentiaire de Mettray.

XVIII

L'AMNISTIE.

AUX FEMMES FRANÇAISES.

———

7 décembre.

« Les hommes font les lois ; les femmes font les mœurs. » Les révolutions politiques sont insuffisantes ou calamiteuses sans les révolutions morales. On voit les lois les meilleures rapidement faussées dans leur application lorsque le consentement intime de l'opinion ne leur prête pas sa force. Depuis le 24 février les hommes essaient de fonder des institutions républicaines, mais leur travail sera vain aussi longtemps que les femmes n'y concourront pas d'une manière efficace, en faisant pénétrer dans les mœurs un véritable esprit de fraternité.

L'altération de la conscience publique pendant le dernier règne, et cet amoindrissement du caractère national dont nous souffrons tous aujourd'hui, n'ont pas eu pour cause unique, comme on semble le croire, le machiavélisme des hommes qui ont gouverné l'État ; l'influence moins apparente mais plus profonde des femmes est pour beaucoup dans cette action délétère. Si tous les liens sociaux sont relâchés au point qu'on s'inquiète à cette heure pour l'existence de la famille ; si les enfans d'une même patrie sont divisés de telle sorte qu'on désespère presque de la réconciliation ; si l'on voit aux prises, dans nos luttes civiles, tant de basses cupidités, tant de mesquins égoïsmes ; s'il n'y a plus d'autel pour une commune prière, plus de drapeau pour un commun dévoûment ; filles, sœurs, épouses, mères françaises, il m'en coûte de prononcer une aussi dure parole, c'est que votre voix a perdu l'accent qui commande les grands sacrifices ; c'est que votre front ne rayonne plus de cette lumière qui inspire les grandes pensées ; c'est que vos mains amollies n'ont plus cette étreinte qui retient au devoir et récompense les grandes vertus.

Je sais que dans un pays où l'on refuse encore aux femmes les droits les plus élémentaires où l'on juge équitable et nécessaire au salut public de les humilier dans une minorité perpétuelle, et où, de crainte qu'elles n'en sortent, ni l'État, ni même la famille ne leur donnent d'éducation rationnelle, il serait rigoureux de les rendre complètement responsables du bien qu'elles ne font pas et du mal qu'elles ne savent point empêcher. Cependant notre histoire présente d'assez nombreuses et d'assez illustres exceptions de grandeur féminine pour qu'on en puisse conclure qu'il règne de nos jours, parmi le sexe, une coupable indifférence à sa propre élévation, et que les femmes demeurent volontairement dans un état de subalternité morale où l'influence qu'elles ne peuvent manquer d'exercer toujours, par la séduction naturelle des grâces physiques, devient nuisible à elles-mêmes, à la famille, à la nation tout entière.

Il ne dépend pas des femmes de changer les lois, mais il dépendrait d'elles de rendre manifeste qu'il les faut changer. Au lieu *de se dédommager de la servitude par le despotisme* (1), comme elles ont coutume de faire pour peu qu'elles

(1) J'emprunte cette expression à l'excellent ouvrage de M. Ernest Legouvé, *Histoire morale des femmes.*

soient douées de quelque intelligence, au lieu d'esquiver par la
ruse et de venger par la coquetterie une oppression à quelle
elles devraient se soustraire par l'autorité de la raison, au
lieu de passer ainsi alternativement du rôle d'esclave perfide
à celui de tyran capricieux, elles parviendraient sans peine,
si elles en avaient la volonté, à conquérir le rang de compagnes
Il leur serait aisé, si telle était leur ambition, de devenir, non
plus seulement compagnes des heures de plaisir et d'oisiveté,
mais compagnes des heures de travail et d'étude, compagnes
même de la vie publique, si elles savaient s'y associer d'une
pensée constante et d'une sympathie sérieuse. De cette égalité morale à une égalité relative devant la loi, il y a beaucoup moins loin qu'on ne suppose. Dans un temps où la logique révolutionnaire presse le pas, une fois les prémisses po-
sées, la conséquence est vite atteinte.

Mais les femmes n'ont point compris cette loi du progrès.
Elles ont méconnu le génie qui réside en elle ; elles l'ont
refoulé, énervé ou dissipé en efforts tout extérieurs dont l'é-
clat et le tumulte ont compromis leur cause, en l'exposant
prématurément aux railleries de la sagesse masculine. Les
prétendues *femmes libres* qui ont voulu enlever de haute
lutte des droits encore mal définis, revendiqués avec plus
d'arrogance que de réflexion, ont discrédité, même parmi
leur sexe, des idées justes mais ridiculement travesties.
Par leur langage et leur attitude, elles ont paru donner
raison à l'ignorance et à la frivolité qui, du moins, se voi-
laient de quelque grâce. Ces bruyantes révoltées ont confir-
mé les esprits délicats et timides dans le sentiment de l'o-
béissance passive et de la résignation. La crainte du ridicule venant s'ajouter à la mollesse des habitudes et à cette
langueur d'âme qu'entretient en elles une éducation futile,
les femmes ont presque toutes déserté leur propre cause (1),
et le véritable obstacle à leur affranchissement tient beaucoup

_____

(1) Je parle seulement ici des femmes de la classe cultivée.

plus aujourd'hui à la défiance où les ont jetées des tentatives inconsidérées et à la fausse notion qu'elles ont conçue du devoir qu'aux rigueurs législatives de la tradition salique.

Ainsi, d'une part, révolte prématurée, tapageuse, déraisonnable; de l'autre, consentement trop facile à la servitude morale, sacrifice de sa propre dignité, engourdissement volontaire, voilà ce qui perpétue le préjugé défavorable au sexe et le désaccord que chacun observe entre nos institutions et nos mœurs; entre le mouvement progressif de l'État et l'esprit stationnaire de la famille, entre les principes proclamés à la tribune et les enseignemens donnés au foyer.

O mes chères concitoyennes, ne sentez-vous donc point, dans la grande tourmente à laquelle nous sommes en proie, l'impérieux appel de la Providence à toutes les énergies de l'ame humaine ? Ne comprenez-vous pas que les vertus négatives de résignation et d'humilité ne suffisent plus au salut de la famille et de la patrie ? N'y a-t-il rien en vous qui vous sollicite d'élever vos cœurs et vos pensées au dessus des régions inférieures où vous végétez inutiles ? Votre ame ne sent-elle pas le besoin de se dilater par delà les étouffemens de l'égoïsme domestique, par delà surtout ce cercle étroit de la vie du monde, où s'usent, où se flétrissent en agitations si vaines, les forces et les grâces de votre jeunesse ?

Quand les plus graves problèmes se posent dans la conscience humaine, quand une lutte terrible s'engage entre le passé et l'avenir, pouvez-vous sans remords demeurer à l'écart, isolées dans votre ignorance et vos puérilités, bornant tout votre rôle à lamenter le temps qui s'écoule, les grandeurs qui passent, les plaisirs et les richesses qui fuient ?

Ah ! qu'il n'en soit pas ainsi ! Secouez votre torpeur ; redressez vos courages. Rappelons-nous que l'histoire a dit des femmes de la Gaule *qu'elles ne rivalisaient pas seulement avec les hommes par la grandeur de leur taille, mais qu'elles les égalaient par les forces de l'ame* (1). Ressaisissons,

(1) Diodore.

s'il se peut, ce merveilleux empire qu'elles exerçaient sur l'opinion, cet ascendant qu'elles devaient à leur prudence dans le conseil, à leur hardiesse dans le péril. Emparons-nous, par une douce violence, de ce ministère de paix qui intervenait si heureusement dans les guerres civiles de nos ancêtres, jugeait les différends, désarmait les vengeances. Plus que jamais une telle intervention devient nécessaire. Il est bien temps de jeter des semences de paix sur une terre humide de sang. L'œuvre de notre régénération est trop vaste d'ailleurs pour qu'une moitié du genre humain l'accomplisse; il y faut le concours des deux sexes. Au génie masculin la solution des problèmes scientifiques, l'organisation de la *liberté* et de l'*égalité* sociales. Au génie féminin le travail divin du cœur, la conciliation des classes devenues hostiles, les haines mutuelles adoucies, les injustices réparées, la *fraternité* enfin prêchée de bouche et d'exemple dans le constant et irrésistible apostolat de la mère, de l'épouse, de la fille, de la sœur.

Ce fut l'œuvre des femmes chrétiennes dans le duel immense du monde romain et du monde barbare. Une nouvelle barbarie menace aujourd'hui de nous envahir; c'est, après la lutte prolongée pendant laquelle les sciences, les arts, les lettres, qui déjà pâlissent, achèveraient de s'éteindre, celle qui résulterait du triomphe absolu, dans l'un ou l'autre camp, des passions déchaînées, de l'assouvissement des vengeances, de la loi impie du talion, du règne de la force matérielle. Filles de la Gaule, filles du christianisme, il est temps, il est plus que temps de conjurer un tel péril. Il est temps de quitter nos préjugés, nos superstitions, nos mollesses; de bannir de nos lèvres ces paroles, railleuses des grandes idées par lesquelles trop souvent nous outrageons ce que nous ne savons pas comprendre. Il est temps de rectifier nos vertus, d'étendre nos dévoûments, de chérir la patrie, d'aimer l'humanité. Coupables, dans cette universelle décadence des grandeurs morales, d'insouciance et de frivolité, réparons au plus vite le mal que nous avons fait ou laissé faire. Partout la foi chancelle, l'espérance se voile ; ah ! du moins ranimons l'amour. Formons une sainte ligue qui de toutes parts, dans nos discordes intestines, oppose au débordement des passions vindicatives et des égoïsmes haineux les tendresses infinies du génie féminin. Au lendemain des victoires implacables, à la veille peut-être des représailles sanglantes, instituons par toute la France une société idéale de clémence et de paix. Inspirons, sollicitons, exigeons au nom de ce sentiment sublime qui donnait, chez quelques peuples anciens, le nom de *Matrie* au sol natal, l'oubli pour toutes les erreurs, le pardon pour toutes les fautes, l'AMNISTIE réciproque des vainqueurs et des vaincus.

Aux temps chevaleresques de notre histoire, de royales demeures, de pieux sanctuaires possédaient le *droit d'asile*. Quiconque touchait au seuil privilégié était déclaré hors de toute poursuite. Ce droit a disparu avec la société qui l'avait établi ; il le faut faire renaître. Mères, filles, sœurs, épouses françaises, que vos cœurs nobles et purs deviennent ces *asiles* respectés. Que le malheur, que l'égarement des passions politiques y trouvent tout à la fois la pitié qui accueille et la grâce qui réconcilie.

Tous, nous entrons dans des voies inconnues : nous marchons en trébuchant à travers les ténèbres vers un but ignoré. Une seule chose ne peut nous tromper dans les incertitudes de la route : c'est la miséricorde. Femmes françaises, un grand apostolat de miséricorde vous appelle. Initiées par la nature à la douleur, vos paroles ont l'accent de la persuasion, vos regards ont le don de pénétrer les âmes. Ne méconnaissez pas votre vocation divine. Tout ce qui souffre vous invoque, tout ce qui gémit tourne les yeux vers vous. Les hommes vous excluent dédaigneusement des choses de la politique, ils ne vous admettent point aux cabales et aux intrigues de leurs ambitions, vengez-vous en leur enseignant une politique plus haute ; prenez l'initiative d'une résolution généreuse. Prononcez le mot qui guérit les plaies, efface les ressentimens, rapproche les partis! Combattez par tous les moyens la fausse prudence qui prolonge les châtimens. Demandez, arrachez à celui que le suffrage masculin va donner pour chef à la République, une sage, une magnanime *amnistie*.

Par ce mot magique, si vous l'obtenez des puissans du siècle, médiatrices bénies, vous rachèterez le passé, vous éclairerez l'avenir. L'histoire vous gardera une mémoire reconnaissante et dira que le premier acte de la fraternité nouvelle fut l'œuvre du sexe que Dieu a voulu faible dans la guerre et la haine, mais intrépide, infatigable, invincible dans le dévoûment.

Femmes françaises de tous rangs, de toutes conditions, de tout âge, tendons-nous la main pour la plus sainte des ligues. Riches ou pauvres, humbles ou puissantes, n'ayons qu'un cœur pour souhaiter la paix, qu'une voix pour implorer la clémence, qu'une parole pour enseigner la fraternité.

De la mansarde au palais, du château à la chaumière, du berceau de l'enfant à la tombe de l'aïeul, que partout où veille la piété d'une femme, un écho attendri renvoie à nos époux, à nos fils, à nos frères, la prière unique, le mot sauveur : AMNISTIE! AMNISTIE! (1)

(1) Je m'aperçois, en terminant cette lettre adressée aux femmes, que j'ai laissé tomber le masque viril. Je ne le reprends pas. Il me semble qu'il étoufferait ma voix et qu'il dénaturerait mon accent de suppliante.

MPRIMERIE ÉDOUARD PROUX ET C°, RUE NEUVE-DES-BONS-ENFANS, 3.

www.ingramcontent.com/pod-product-compliance
Lightning Source LLC
Chambersburg PA
CBHW070943100426
42738CB00010BA/1957